MINISTÈRE DE LA GUERRE.

RÈGLEMENT

DU 9 AVRIL 1858

SUR LE SERVICE INTÉRIEUR

DE LA GENDARMERIE

MODIFIÉ

Par le décret du 18 février 1863 ; par décisions des 26 novembre 1872, 9 juillet 1874 et 24 juin 1875, et par le règlement du 25 avril 1877 sur les exercices à pied et à cheval de la gendarmerie départementale, conformément à la circulaire du 7 octobre 1880.

CE RÈGLEMENT

Annoté jusqu'au mois de juin 1881 par un Officier de l'arme

EST SUIVI DE L'INSTRUCTION SPÉCIALE DU 25 AVRIL 1873 SUR L'HYGIÈNE DES CHEVAUX DES BRIGADES DE GENDARMERIE.

PARIS	LIMOGES
18, rue Feydeau, 18	18, rue Manigne, 18
Près la Bourse	Usine r. Verdurier, 3, 5, 7 & 9

IMPRIMERIE, LIBRAIRIE ET PAPETERIE MILITAIRES

HENRI CHARLES-LAVAUZELLE, ÉDITEUR

Imprimeur de la Gendarmerie

1881

RÈGLEMENT

DU 9 AVRIL 1858

SUR LE SERVICE INTÉRIEUR

DE LA GENDARMERIE.

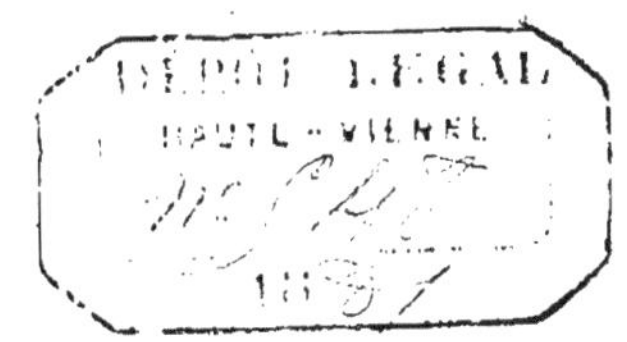

RÈGLEMENT

DU 9 AVRIL 1858

SUR LE SERVICE INTÉRIEUR

DE LA GENDARMERIE

MODIFIÉ

Par le décret du 18 février 1863 ; par décisions des 26 novembre 1872, 9 juillet 1874 et 24 juin 1875, et par le règlement du 25 avril 1877 sur les exercices à pied et à cheval de la gendarmerie départementale, conformément à la circulaire du 7 octobre 1880.

CE RÈGLEMENT

Annoté jusqu'au mois de juin 1881 par un Officier de l'arme

EST SUIVI DE L'INSTRUCTION SPÉCIALE DU 25 AVRIL 1873 SUR L'HYGIÈNE DES CHEVAUX DES BRIGADES DE GENDARMERIE.

PARIS	LIMOGES
18, rue Feydeau, 18	18, rue Manigne, 18
Près la Bourse	Usine r. Verdurier, 3, 5, 7 & 9

IMPRIMERIE, LIBRAIRIE ET PAPETERIE MILITAIRES

Henri CHARLES-LAVAUZELLE, Éditeur

Imprimeur de la Gendarmerie

1881

CHAPITRE III.

COMMANDANT D'ARRONDISSEMENT.

CHAPITRE IV.

TRÉSORIER.

CHAPITRE V.

MÉDECIN-MAJOR.

CHAPITRE VI.

MARÉCHAL DES LOGIS ADJOINT AU TRÉSORIER.

CHAPITRE VII.

BRIGADIER SECRÉTAIRE DU CHEF DE LÉGION.

CHAPITRE VIII.

ADJUDANT, MARÉCHAL DES LOGIS CHEF, MARÉCHAL DES LOGIS BRIGADIER, COMMANDANTS DE BRIGADE.

TITRE II.

Devoirs généraux et communs aux différents grades.

CHAPITRE IX.

MARQUES EXTÉRIEURES DE RESPECT.

CHAPITRE X.

NOMINATIONS, RÉCEPTIONS ET RECONNAISSANCES.

CHAPITRE XI.

PLANTONS ET GARDES DE POLICE.

GARDES D'ÉCURIE.

CHAPITRE XII.

INSTRUCTION.

CHAPITRE XIII.

TENUE.

CHAPITRE XIV.

REVUES.

Revues des inspecteurs généraux.

Revues des officiers généraux.

Revues des sous-intendants militaires.

CHAPITRE XV.

CONGÉS ET PERMISSIONS.

CHAPITRE XVI.

PUNITIONS.

CHAPITRE XVII.

RÉCLAMATIONS.

CHAPITRE XVIII.

CASERNEMENT.

CHAPITRE XIX.

DETTES.

CHAPITRE XX.

DÉTACHEMENTS ET RASSEMBLEMENTS DE GENDARMERIE
DANS L'INTÉRIEUR.

RÈGLEMENT

SUR

LE SERVICE INTÉRIEUR

DE LA GENDARMERIE.

PRINCIPES GÉNÉRAUX

DE LA SUBORDINATION.

La discipline faisant la force principale des armées, il importe que tout supérieur obtienne de ses subordonnés une obéissance entière et une soumission de tous les instant; que les ordres soient exécutés littéralement, sans hésitation ni murmure; l'autorité qui les donne en est responsable, et la réclamation n'est permise à l'inférieur que lorsqu'il a obéi.

Si l'intérêt du service veut que la discipline soit ferme, il veut en même temps qu'elle soit paternelle; toute rigueur qui n'est pas de nécessité, toute punition qui n'est pas déterminée par le règlement, ou que ferait prononcer un sentiment autre que celui du devoir; tout acte, tout geste tout propos outrageant d'un supérieur envers son subordonné, sont sévèrement interdits.

Les membres de la hiérarchie militaire, à quelque degré qu'ils soient placés, doivent traiter leurs inférieurs avec bonté, être pour eux des guides bienveillants, leur porter tout l'intérêt et avoir envers eux tous les égards dus à des hommes dont le courage, l'abnégation et le dévouement intelligent assurent le maintien de l'ordre et l'exécution des lois.

La subordination doit avoir lieu rigoureusement de grade à grade ; l'exacte observation des règles qui la garantissent, en écartant l'arbitraire, doit maintenir chacun dans ses droits comme dans ses devoirs.

Indépendamment de cette subordination du grade, la discipline exige, à grade égal, la subordination à l'ancienneté, en tout ce qui concerne le service général et l'ordre public. Ainsi, plusieurs militaires du même grade, de service ensemble, qu'ils soient ou nom du même corps et de même arme, doivent obéissance au plus ancien d'entre eux, comme s'il leur était supérieur en grade, sauf les cas prévus par l'art. 138 du décret du 1er mars.

Même hors du service, les supérieurs ont droit à la déférence et au respect de leurs subordonnés.

L'article 138 du décret du 1er mars 1854 porte que, lorsqu'un détachement de troupe de ligne est employé conjointement avec la gendarmerie, pour un service de gendarmerie, le commandement appartient, à grade égal, à l'officier de cette dernière arme.

Cette disposition est modifiée par l'art. 148 du décret du 13 octobre 1863 sur le service des places, article aussi conçu :

« Lorsqu'un détachement de troupes est appelé à seconder la gendarmerie dans son service spécial, le commandement supérieur appartient à l'officier des deux troupes le plus élevé en grade *ou le plus ancien dans le grade* ; si c'est, d'après cette règle, l'officier de troupes qui a le commandement, il doit obtempérer aux demandes écrites de l'officier de gendarmerie qui demeure responsable de l'exécution de son mandat. »

TITRE PREMIER.

Fonctions inhérentes à chaque grade.

CHAPITRE PREMIER.

COLONEL OU LIEUTENANT-COLONEL CHEF DE LÉGION.

Attributions générales.

Article premier. — Les devoirs et l'autorité du chef de légion s'étendent à toutes les parties du service : il est responsable de la police, de la discipline, de la tenue et de l'instruction des compagnies dont le commandement supérieur lui est confié ; il en surveille l'administration, dont la responsabilité appartient exclusivement au conseil d'administration de chaque compagnie. Il veille à ce que les différents grades exercent réellement la partie d'autorité qui leur est attribuée par les règlements constitutifs de l'arme, afin que chacun obtienne l'influence et la considération qui lui sont indispensables, et trouve dans l'accomplissement de ses devoirs et dans la jouissance de ses droits un moyen perpétuel d'instruction et d'émulation.

L'autorité du chef de légion doit se faire sentir par une impulsion régulatrice qui assure l'exécution de tout ce qui est prescrit par les ordonnances, décrets et règlements généraux et spéciaux de l'arme.

Devoirs envers les généraux commandant les divisions et subdivisions militaires.

Art. 2. — La nature des rapports des chefs des légions avec les généraux commandant les divisions militaires et territoriales est déterminée par les articles 126 et suivants du décret du 1er mars 1854.

Ces articles ont été complétés par les circulaires ministérielles suivantes : 9 février 1858, Mémorial, 6° v., page 223.

Chaque commandant d'arrondissement adresse pour tout évènement grave, au commandant supérieur du corps d'armée, le double du rapport destiné au Ministre. — La gendarmerie devra, en outre, obéir aux ordres d'urgence que le commandant supérieur lui fait parvenir.

Circulaires des 20 juin et 3 août 1866, Mémorial, 7° v., page 52. — Rapports entre le commandement et la gendarmerie.

Circulaire du 19 novembre 1869, Mémorial, 8° v., page 70 : Rapports des chefs de légion avec le commandement. — Les commandants d'arrondissement devront adresser aux généraux divisionnaires et subdivisionnaires un double des rapports prescrits pour les évènements importants.

Instruction.

Art. 3. — Chaque année, le chef de légion arrête la progression du travail, la durée des exercices et la détermination des lieux de réunion des brigades, sur la proposition des commandants de compagnie.

Il donne des ordres pour que des théories sur le service spécial de l'arme et l'instruction militaire des sous-officiers, brigadiers et gendarmes, soient effectuées sous la direction des officiers commandants d'arrondissement.

Droits et obligations en matière d'administration.

Art. 4. — En matière d'aministration, le chef de légion doit s'abstenir de donner de son autorité privée des ordres aux conseils d'administration des compagnies, dont les membres sont solidairement responsables

Lorsque le chef de légion assiste à une séance du conseil d'administration, le commandant de la compagnie conserve la présidence. Le chef de légion ne vote pas; mais ses observations sont entendues.

Cet article est complètement modifié par le Décret du 18 février 1863 (voir les articles 267, 268 et 567 à 573, sur les attributions du chef de légion). Cet officier supérieur surveille l'ensemble des opérations et intervient, en qualité d'inspecteur, dans le contrôle des actes des conseils d'administration.

Circulaire du 5 décembre 1861, Mémorial, 6° v., page 725. Les conseils d'administration des compagnies sont autorisés à toucher et répartir la solde, sans attendre l'approbation du chef de légion.

Circulaire du 7 août 1863, Mémorial, 7° v., page 288. Les conseils d'administration ne peuvent correspondre avec le Ministre que par l'intermédiaire du chef de légion.

Registres.

Art. 5. — Le chef de légion tient les registres réglementaires.

Celui contenant les ordres du jour porte en marge les analyses qu'il rédige lui-même, et dont il exige la transcription littérale sur les registres tenus par les commandants de compagnie, d'arrondissement et de brigade.

Sur le registre du personnel des officiers, il inscrit, au fur et à mesure, toutes les punitions qui leur sont infligées, et, au moins deux fois par an, des notes sur leur conduite militaire et privée. En cas d'absence ou de remplacement d'un chef de légion, ce registre doit être cacheté et déposé anx archives de la légion, jusqu'au retour du titulaire ou à l'arrivée de son successeur.

La circulaire du 30 décembre 1879 porte que les ordres du jour et circulaires seront envoyés aux commandants d'arrondissement et de brigades sur des feuilles autographiées par les soins des commandants de compagnie. — Ces ordres seront remis dans des registres à écrou, destinés à remplacer les registres d'ordres du jour. (Mémorial, 10° v., page 282).

Revues annuelles.

Art. 6. — Dans sa tournée annuelle, préparatoire de l'inspection générale, le chef de légion passe la revue des hommes et des chevaux, celle de l'habillement, du grand et petit équipement, du harnachement, de l'armement et des magasins de chaque compagnie.

Il s'assure des progrès de l'instruction.

Il vérifie la bonne tenue de tous les registres réglementaires; il appose son visa sur ceux des commandants de compagnie et d'arrondissement, et consigne ses observations sur leurs registres d'ordres.

Il vise également les registres d'ordres des brigades en y inscrivant ses observations.

Il vérifie les écritures et les opérations du conseil d'administration depuis l'époque de la dernière inspection, et se fait rendre compte des difficultés qui ont pu se présenter dans l'application des prescriptions réglementaires.

Il se fait rendre compte de la situation générale du casernement, qu'il inspecte par lui-même autant que possible.

Il s'assure que les prescriptions de l'instruction ministérielle sur l'inspection générale sont rigoureusement observées dans les compagnies, particulièrement en ce qui concerne l'établissement des listes de présentation, pour l'avancement aux différents grades.

Il est responsable de la tenue des compagnies, en ce qui concerne l'uniformité de l'habillement, de l'équipement et du harnachement ; il ne doit, sous aucun prétexte, autoriser, prescrire ou tolérer le port d'aucun effet qui ne soit pas conforme aux modèles-types délivrés par le ministre et déposés au magasin de chaque compagnie.

Il veille à ce que les effets ne soient pas remplacés sans une absolue nécessité, et prononce, sur la proposition des commandants de compagnie, la réforme de ceux qui ne peuvent être maintenus en service.

Il s'assure par lui-même, autant que possible, et par l'examen du catalogue des archives de chaque compagnie, arrondissement et brigade, que les prescriptions réglementaires relatives à la conservation et à la remise des documents et registres de service sont observées par les officiers et chefs de brigade à qui la garde en est confiée.

Décret du 18 février 1863, articles 467, 588, 741 à 747.

Revues d'inspection générale.

Art. 7. — Lors des revues d'inspection générale, le chef de légion assiste à toutes les opérations du général inspecteur au chef-lieu de la légion.

Il reçoit préalablement l'itinéraire de l'inspecteur général et ses ordres particuliers sur le mode de procéder qu'il se propose de suivre pour l'inspection successive des arrondissements, et les transmet, en temps utile, aux commandants de compagnie, avec les instructions qu'il juge à propos de leur adresser pour en assurer l'exécution.

Tableau d'avancement.

Art. 8. — Le chef de légion conserve entre ses mains le double des états de proposition pour les grades de sous-officier et de brigadier, ainsi que pour la Légion d'honneur et la médaille militaire, arrêtés chaque année par l'inspecteur général.

Cas d'absence.

Art. 9.. — Lorsque le chef de légion est absent, l'officier supérieur qui le remplace lui adresse chaque semaine, sur le service et la discipline des compagnies, un rapport général qui présente le sommaire des rapports journaliers. Il lui rend compte en même temps des ordres reçus et des dispositions qu'il a cru devoir prendre pour leur mise à exécution.

Substitutions fourragères.

Art. 10. — Le chef de légion peut seul autoriser les substitutions fourragères par mesure hygiénique, sur la proposition du commandant d'arrondissement, appuyée d'un certificat du vétérinaire, et transmise par le commandant de la compagnie avec son avis motivé. Il rend compte au général commandant la division et à l'intendant militaire des substitutions qu'il a autorisées.

Pour la mise au vert, il se conforme aux instructions ministérielles.

L'indemnité représentative de fourrages est réglée par les articles 144 et 145 du décret du 18 février 1863.

La circulaire 27 juillet 1875, 9ᵉ v. du Mémorial, page 257, règle la composition des rations de fourrages et les bases d'après lesquelles s'opèrent les substitutions.

La circulaire du 28 août 1878, 9ᵉ v. du Mémorial, page 687, donne un extrait du cahier des charges du 28 août 1878, en ce qui concerne les droits et devoirs respectifs des parties prenantes et des entrepreneurs de fourrages.

Voir les art. 27, 79, 80 et 141 du présent règlement.

Les substitutions peuvent être autorisées par le chef de brigade, pour cause de maladie et *en cas d'urgence*, sans en référer immédiatement au commandant d'arrondissement. (Voir le cahier des charges du 18 janvier 1879, Journal militaire, partie supplémentaire, p. 43, et les dispositions des circulaires ministérielles des 5 avril et 5 août 1867.)

CHAPITRE II.

COMMANDANT DE COMPAGNIE.

Devoirs généraux.

Art. 11. — Les devoirs généraux du commandant de la

compagnie comme chef de corps et comme président du conseil d'administration sont déterminés par les art. 176 et 177 du Décret du 1er mars 1854.

Responsabilité.

Art. 12. — Il est responsable de tous les détails de l'instruction et du service de sa compagnie, et surveille particulièrement l'exactitude de la tenue réglementaire, ainsi que l'entretien de tous les effets d'habillement, d'équipement et de harnachement.

Il est également responsable de la conservation et du bon état de l'armement.

Suspension d'une délibération du conseil.

Art. 13. — Si, en qualité de président du conseil d'administration, le commandant de la compagnie croit devoir suspendre l'effet d'une délibération qu'il juge contraire aux règlements ou aux intérêts du corps ou des militaires sous ses ordres, il en adresse immédiatement une copie textuelle accompagnée de ses observations au sous-intendant militaire chargé de la surveillance administrative de la compagnie. Ce fonctionnaire prononce, ou rend compte à l'intendant militaire, qui en réfère au ministre.

Copie textuelle de la délibération est également adressée au chef de légion.

Cet article est complété par le décret du 18 février 1863 (Voir les annotations de l'article 4 du présent réglement.)

Les commandants de compagnie adressent au chef de légion une copie, certifiée par eux, de chacune des délibérations du conseil le jour même où elle a eu lieu ou le lendemain au plus tard.

Droits et obligations en matière d'administration.

Art. 14. — Il se fait rendre compte, chaque jour, par les commandants d'arrondissement et par la voie du rapport quotidien, de tout ce qui concerne le service et l'administration de la compagnie.

Comptabilité.

Art. 15. — Il exerce une surveillance particulière sur tous les détails relatifs à la perception et à la répartition de la solde et des prestations de toute nature. Il s'applique plus spécialement à vérifier l'emploi de la masse individuelle, dont l'administration doit être l'objet de sa sollicitude continuelle. Il exige que les commandants d'arrondissement et le trésorier de la compagnie remplissent rigoureusement leurs devoirs à cet égard, et saisit toutes les occasions de se faire représenter les livrets des sous-officiers, brigadiers et gendarmes, où doivent être inscrits, par les commandants d'arrondissement, au fur et à mesure des distributions et à leur date, tous les effets portés au registre des comptes courants individuels.

Il vérifie l'exactitude de l'arrêté de compte du trimestre expiré.

Les devoirs des commandants de compagnie, en fait d'administration, sont définis par les articles 610 à 614 du décret du 18 février 1863.

Une circulaire du 30 décembre 1879 (Mémorial, 10ᵉ v., page 283) porte que les livrets individuels ne seront plus arrêtés par les commandants d'arrondissement, mais par les trésoriers eux-mêmes.

Registres.

Art. 16. — Il tient les registres réglementaires, et se conforme, pour la vérification et le visa des registres et écritures des commandants d'arrondissement et de brigade, aux dispositions de l'article 180 du décret du 1ᵉʳ mars 1854.

Rapports spéciaux au chef de légion.

Art. 17. — Dans tous les cas prévus par les art. 76 et 77 du décret du 1ᵉʳ mars 1854, il adresse au chef de légion des rapports immédiats sur les faits dont il a été rendu compte aux ministres compétents, soit par lui-même, soit par les commandants d'arrondissement.

Il l'informe également, par un rapport spécial, de tous les événements spécifiés par l'art. 126 du même décret.

Voir les annotations de l'article 2 du présent règlement en ce qui concerne les rapports spéciaux.

Tournées et revues de détail.

Art. 18. — Dans ses tournées, le commandant de la compagnie s'assure des progrès de l'instruction élémentaire, spéciale et militaire ; il passe une revue détaillée des effets de toute espèce ; il propose au chef de légion la réforme des objets qui lui paraissent hors de service et leur remplacement immédiat ou différé, selon la situation de la masse individuelle de l'homme.

L'article 192 du décret du 1ᵉʳ mars 1854 prescrit aux commandants d'arrondissement de prononcer la réforme des effets hors de service, et de les faire vendre ou détruire dans le plus bref délai.

Le commandant de la compagnie ne saurait avoir moins de droit que les officiers qui sont sous ses ordres. Aussi, les dispositions finales de l'article 18 ne sont-elles jamais appliquées : la réforme des effets est prononcée par les commandants de compagnie et d'arrondissement.

Mutations.

Art. 19. — Il fait connaître chaque jour au trésorier les mutations dont il lui a été rendu compte par le rapport des commandants d'arrondissement, et il lui transmet sans délai les pièces justificatives à l'appui, ainsi que les états et demandes de toute nature relatifs à l'administration de la compagnie.

L'article 612 du décret du 18 février 1863 donne le détail des communications à faire au trésorier.

Paiement de la solde.

Art. 20. — Il s'informe dans ses tournées si la solde parvient régulièrement et sans frais à chaque brigade, et si la répartition en est faite sans retard aux militaires qui la composent, conformément aux bordereaux adressés aux chefs de brigade par le commandant d'arrondissement, et en suivant la feuille d'émargement établie par le trésorier.

Il se fait rendre compte dans chaque localité de la régularité du service des fourrages, soit pour l'époque des versements en magasin, soit pour la qualité des denrées ivrée à la consommation.

Il s'assure également, par l'examen du magasin, de la concordance qui doit exister entre la situation réelle de l'approvisionnement et le chiffre résultant du registre de comptabilité fourragère.

Circulaire du 2 avril 1863 (7e v. du Mémorial, page 263) relative à la surveillance que doivent exercer les officiers sur la gestion des fourrages.

Examen des chevaux de remonte.

Art. 21. — Le commandant de la compagnie examine avec un soin tout particulier les chevaux tirés des dépôts de remonte ; il vérifie par lui-même les progrès de ces chevaux, tant au point de vue de leur développement qu'à celui du dressage ; il signale au chef de légion, dans son rapport de tournée, ceux qui, par leur nature difficile, lui paraîtraient susceptibles d'être reversés dans les corps ou dépôts de remonte.

Il examine avec le plus grand soin les chevaux provenant de l'achat direct, afin de vérifier s'il y a lieu de les rendre au vendeur dans les délais de garantie déterminés par la loi du 20 mai 1838.

Voir au 3e volume du Mémorial, page 7, la loi du 20 mai 1838, sur les cas rédhibitoires dans les ventes et échanges d'animaux domestiques. — Cette loi fixe les délais de garantie de 30 jours à 9 jours suivant les cas.

Une circulaire ministérielle du 15 novembre 1878, 9e v. du Mémorial, page 722, modifie les termes de la circulaire du 15 juin 1860 au sujet des chevaux de la gendarmerie tirés des dépôts de remonte. — A l'avenir, les gendarmes qui ne pourront se pourvoir dans le commerce recevront leur monture par les soins des régiments de cavalerie. (cuirassiers et dragons).

Proposition de réforme d'urgence.

Art. 22. — Ce n'est qu'après en avoir vérifié la nécessité et après constatation des motifs, que le commandant de compagnie propose au chef de légion de prononcer la réforme d'urgence d'un cheval.

A cet égard, il faut se conformer aux dispositions de l'article 625 du décret du 1er mars 1854, et à l'état n° 117 du cahier des modèles, annexé au décret du 18 février 1863.

Ferrure.

Art. 23. — Le commandant de compagnie exige que la ferrure soit inspectée aussi souvent que possible par les officiers d'arrondissement, soit dans leurs tournées, soit lorsqu'ils visitent les points de correspondance. Il s'assure que cette ferrure, d'un poids toujours proportionné à la nature du cheval, est convenablement entretenue.

Voir à l'art. 6, § 17 de l'Instruction du 25 avril 1873, sur l'hygiène des chevaux, les recommandations faites au sujet de la ferrure.

Voir l'art. 83 du présent décret.

Une circulaire du 11 mai 1876, 9e volume du Mémorial, page 394, autorise les militaires de la Gendarmerie à faire ferrer leurs chevaux dans les villes de garnison par les maréchaux ferrants des corps de troupes à cheval, au prix de 1 fr. 65 par mois.

Enfants de troupe.

Art. 24. — Le commandant de compagnie s'assure, dans ses tournées, que les commandants d'arrondissement et de brigade remplissent, à l'égard des enfants de troupe maintenus chez leurs parents en raison de leur âge, les obligations qui leur sont imposées par les art. 48 et 133 du présent règlement.

Punitions de salle de police et de prison.

Art. 25. — Toutes les fois qu'une punition de salle de

police ou de prison est infligée dans la compagnie, le commandant est tenu d'adresser au chef de légion une copie certifiée du rapport de l'officier ou commandant de brigade qui l'a ordonnée. Il lui fait connaître en même temps son opinion personnelle sur les circonstances de cette punition, et lui propose, s'il y a lieu, d'en changer la nature ou d'en prononcer l'annulation.

Les officiers de l'arme peuvent, quand le service ou le bien de la brigade l'exige, ajourner l'accomplissement des punitions de salle de police.

Il leur est recommandé de faire faire, autant que possible, leur service aux hommes subissant une punition de salle de police. — Le temps consacré au service, dans ces conditions, comptera comme passé à la salle de police. (Circulaire du 29 juillet 1879, Mémorial, 10e volume, page 123.)

Une circulaire du 19 mars 1881 porte que la cassation, la rétrogradation ou la suspension d'un militaire gradé peut-être prononcée pour un fait en raison *duquel ce militaire subit une punition* préventive. Cette punition doit alors être considérée comme une mesure ayant pour but, tout en réprimant immédiatement la faute commise, de permettre d'attendre la décision de l'autorité militaire supérieure. Conformément aux principes posés par l'ordonnance du 2 novembre 1833 (art. 266 infanterie, et 329. cavalerie), cette punition sera annulée aussitôt que la cassation, la rétrogradation ou la suspension aura été prononcée.

Propositions d'admission dans l'arme.

Art. 26. — Avant de faire établir un mémoire de proposition en faveur d'un homme qui sollicite son admission dans la gendarmerie, le commandant de la compagnie constate par lui-même s'il réunit toutes les conditions d'aptitude exigées par le décret du 1er mars 1854. Il prend à cet égard les informations qui lui paraissent nécessaires et réclame au conseil d'administration du corps où l'homme a servi en dernier lieu la copie de son folio de punitions.

Si le candidat fait un versement, le commandant de la compagnie le prévient qu'il doit en déposer le montant chez le receveur des finances, au titre de la caisse des consignations, et, une fois ce dépôt effectué, il se fait remettre le récépissé qui reste entre les mains du conseil d'administration.

Les conditions d'aptitude exigées par les art. 17 et 18 du 1er mars 1854 ont été modifiées par la circulaire du 21 octobre 1878 (Mémorial, 9e volume, page 718) qui abaisse uniformément, *pour les deux armes,* le minimum de la taille à 1m 66, sans aucune tolérance.

La dernière partie du premier paragraphe de l'art. 26 est modifiée ainsi qu'il suit par la note ministérielle du 7 février 1877 (Mémorial, 9e volume, page 444) : L'état signalétique et des services, ainsi que le relevé des punitions seront établis par les soins du corps d'affectation pour les hommes de la réserve, et ce soin incombera au bureau de recrutement pour les hommes de l'armée territoriale et de sa réserve, hommes dont les livrets matricules restent entre les mains du capitaine-major de cette armée.

L'art. 254 du décret du 18 février 1863 a complètement abrogé le deuxième paragraphe de l'art. 26 du présent règlement : Les anciens militaires, qui n'ont pas droit à la première mise d'équipement, sont tenus de remettre à l'officier chargé d'établir le mémoire de proposition une déclaration par laquelle ils s'engagent à verser, au moment de leur admission, la somme déterminée pour le complet de leur masse. Faute par eux de remplir cet engagement, leur nomination sera immédiatement annulée.

Demandes de substitutions fourragères.

Art. 27. — Il transmet au chef de légion toutes les demandes de substitution de denrées fourragères qui lui sont adressées par les commandants d'arrondissement, soit par mesure hygiénique, soit pour cause de maladie.

Dans ce dernier cas, il fait connaître la nature et la durée présumée du régime exceptionnel prescrit par le vétérinaire, dont le certificat circonstancié accompagne toujours l'état de proposition.   .

Voir les art. 40, 79 et 141 du présent règlement.

Inspections générales.

Art. 28. — Le commandant de compagnie, à moins d'ordres contraires de l'inspecteur général, assiste à toutes les opérations de l'inspection.

Il reçoit préablement du chef de légion l'itinéraire de l'inspecteur général ainsi que ses ordres particuliers. Il les transmet, en temps utile, aux officiers sous ses ordres, avec les instructions nécessaires pour leur bonne exécution.

CHAPITRE III.

COMMANDANT D'ARRONDISSEMENT.

—

Devoirs généraux.

Art. 29. — Le commandant d'arrondissement doit inspirer aux militaires sous ses ordres le zèle et l'amour pour le service, en leur rendant facile la pratique de leurs devoirs par son exemple, ses conseils et le bon usage qu'il fait de son autorité.

Il veille à leur bien-être et s'attache à connaître, par une attention continuelle, surtout en ce qui concerne les chefs de brigade, le caractère et le degré d'intelligence de chacun d'eux, pour en tirer le meilleur parti possible dans l'intérêt du service.

Répression de la familiarité.

Art. 30. — Il réprime, au besoin, la familiarité et la

brusquerie des commandants de brigade, et veille à ce qu'ils ne tutoient, n'injurient ou ne maltraitent, sous aucun prétexte, leurs subordonnés.

Il exige que ceux-ci observent envers leur chef les égards et le respect qui sont dus au grade dont il est revêtu et au commandement qu'il exerce.

Obligations et responsabilité.

Art. 31. — Il dirige et surveille tous les détails du service des brigades de son arrondissement, et ne doit négliger aucun des devoirs qui lui sont imposés :

1° Par le décret du 1er mars 1854 ;
2° Par les articles 620 à 621 du décret du 18 février 1863 ;
3° Enfin, par le présent règlement.

Il est responsable de la police, de la discipline, de la tenue et de l'instruction élémentaire, spéciale et militaire des brigades placées sous son commandement.

Le quatrième paragraphe de l'art. 620 du décret du 18 février 1863 est abrogé par la circulaire du 30 décembre 1879 (Mémorial, 10e volume, page 283) qui dispose que les livrets individuels ne seront plus arrêtés, par les commandants d'arrondissement, mais par les trésoriers eux-mêmes.

Le dernier paragraphe de cet article 620 n'a plus sa raison d'être, la dotation de l'armée étant supprimée.

Prestation de serment.

Art. 32. — Aussitôt la prestation de serment des nouveaux admis, il en fait inscription sur le livret individuel de l'homme et sur le registre n° 9 de l'arrondissement ; il en rend compte par son rapport journalier au commandant de la compagnie.

Le registre n° 9 étant remplacé par un folio mobile individuel (circulaire du 30 décembre 1879, Mémorial, 10e volume, page 282), c'est sur ce folio que le commandant d'arrondissement doit porter la prestation de serment.

Voir l'art. 6 modifié du décret du 1er mars 1854, pour la prestation de serment

Le commandant de la compagnie est pécuniairement responsable si la prestation de serment n'a pas eu lieu dans le délai de deux mois, à partir de la réception de la lettre de service ou commission (art. 234 du décret du 18 février 1863).

Ordre intérieur des brigades.

Art. 33. — Il exige que les sous-officiers et brigadiers lui rendent promptement et exactement compte de tout ce qui intéresse la police intérieure de leurs brigades, afin de pouvoir, par son influence, et au besoin par son autorité, y maintenir constamment la bonne harmonie nécessaire au bien du service et à la dignité de l'arme.

Il veille à ce que le bon accord règne entre les différents ménages dans les casernes.

Impartialité dans le commandement.

Art. 34. — Le commandant d'arrondissement s'assure que les chefs de brigade commandent le service avec impartialité, et qu'ils n'ont aucune préférence marquée pour un ou plusieurs de leurs subordonnés au détriment des autres.

Instruction des nouveaux admis.

Art. 35. — Il tient la main à ce que les nouveaux admis soient promptement instruits par leurs chefs de brigade de tout ce qui concerne les détails du service; il profite de toutes les occasions pour les interroger et s'assurer des progrès de leur instruction élémentaire, spéciale et militaire

Surveillance à exercer sur les jeunes gendarmes.

Art. 36. — Il prescrit aux commandants de brigade d'exercer une surveillance exacte sur les jeunes gendarmes, sous le rapport de l'intelligence et des habitudes de conduite, afin de pouvoir provoquer le renvoi de ceux qui n'offriraient pas les garanties d'un bon service.

Ecritures et registres des brigades.

Art. 37. — Il exige que les chefs de brigade établissent leur rapport journalier avec régularité, qu'ils n'omettent aucun des détails énoncés par les spécimens, et qu'ils les accompagnent des rapports spéciaux chaque fois qu'il y a nécessité.

Il oblige les chefs de brigade à tenir eux-mêmes tous leurs registres de service, et veille à ce qu'il ne soit dérogé à cette prescription qu'en cas d'absolue nécessité.

Transmission des demandes et propositions.

Art. 38. — Il transmet au commandant de la compagnie ou au conseil d'administration toutes les demandes dûment établies qui lui sont adressées hérarchiquement par les sous-officiers, brigadiers et gendarmes.

Les apostilles portées par lui sur ces demandes ne doivent pas se borner à un simple visa de transmission, mais formuler un avis motivé.

Certificats de mariage. (Circulaire du 18 février 1853.)

Art. 39. — Il adresse, dans les cinq jours de sa date, au commandant de la compagnie, le certificat de mariage des sous-officiers, brigadiers et gendarmes qui ont obtenu les autorisations réglementaires; il en fait inscription au registre n° 9 de l'arrondissement et au livret individuel de l'homme.

La circulaire du 18 février 1853 (Mémorial, 4° v., page 545) rappelle qu'aucune permission de mariage ne peut-être refusée sans qu'il en soit rendu compte au chef de légion.

Cette disposition est reproduite dans l'article 556 (modifié) du décret du 1er mars 1854. (Le chef de légion qui refuse son approbation est tenu d'en rendre compte au ministre.

Voir la circulaire ministérielle du 24 juillet 1840 (Mémorial 3 V° page 107) et la note mistérielle du 11 mars 1841 (Mémorial, 3° v., page 164.) Des certificats individuels constatant la célébration des mariages que les sous-officiers. brigadiers et gendarmes ont été autorisés à contracter, seront adressés au ministre par l'intermédiaire des chefs de légion dans la quinzaine qui suivra la célébration. — Le registre n° 9 de l'arrondissement étant remplacé par un folio mobile individuel (circulaire du 30 décembre 1879 Mémorial, 10° v., page 282) c'est sur ce folio qu'il faudra incrire le mariage.

Voir l'article 132 du présent réglement.

Mutations portées au rapport journalier.

Art. 40. — Il rend compte au commandant de la compagnie, par son rapport journalier, de toutes les mutations en hommes et en chevaux qui surviennent dans son arrondissement et signale exactement les naissances, mariages et décès survenus dans la famille des sous-officiers, brigadiers et gendarmes de chaque brigade.

Une circulaire ministérielle du 6 novembre 1880 prescrit aux conseils d'administration des corps de troupe et aux capitaines commandant les compagnies formant corps de prévenir toujours, *sans délai,* par la poste, les familles, du décès de ceux de leurs membres qui sont sous les drapeaux.

Consulter la circulaire ministérielle du 8 novembre 1855 (Mémorial, 5° v. page 289,) contenant des instructions relatives aux actes de décès des militaires. Deux expéditions de l'acte de décès (si c'est une mort naturelle) et trois expéditions (si c'est une mort violente) doivent être adressées dans le plus bref délai au commandant de la compagnie.

Folios de punitions. (Circulaire du 1er mars 1856.)

Art. 41. — Le commandant d'arrondissement adresse au commandant de la compagnie les folios de punitions des sous-officiers, brigadiers et gendarmes décédés, retraités, démissionnaires, réformés ou réintégrés dans les corps de la ligne, pour être classés et conservés dans les archives de la compagnie.

Il lui transmet également ceux des militaires changeant de compagnie pour être adressés au chef d'escadron commandant la gendarmerie des départements où ils doivent être employés.

Quant aux folios des sous-officiers, brigadiers et gendarmes qui changent seulement d'arrondissement dans la compagnie, ils sont adressés directement par l'officier commandant à celui du nouvel arrondissement dont ils font partie.

Il y a lieu d'adresser, en même temps que les folios de punition, le folio matricule destiné à remplacer le registre n° 9 d'arrondissement, (Circulaire du 30 décembre 1879, 10ᵉ v. du Mémorial, page 282.)

Tout changement de résidence, par mesure disciplinaire, devra être mentionné sur les folios de punitions de l'homme avant son départ pour sa nouvelle résidence. (Circulaire du 27 septembre 1868.)

Commandement intérimaire ou provisoire de la compagnie. (Circulaire du 10 mai 1853.)

Art. 42. — Lorsque le commandant d'arrondissement est chargé du commandement provisoire ou intérimaire de la compagnie, il doit se conformer, pour la signature de la correspondance officielle, à la formule prescrite par la circulaire ministérielle du 10 mai 1853.

Circulaire du 10 mai 1853. (Mémorial, 4ᵉ v., page 564.)

1° Dans le seul cas de vacance d'emploi, le remplacement a lieu par intérim.

L'officier signe alors : Le chef d'escadron commandant par intérim la légion, ou le capitaine commandant par intérim la compagnie.

2° Dans les autres cas (congé, permission ou maladie du titulaire), le commandement est provisoire :

L'officier signe : le chef d'escadron commandant provisoirement la légion, ou le capitaine commandant provisoirement la compagnie.

3° Enfin si le chef de légion ou le commandant de la compagnie est en tournée, les signatures données en son absence sont précédées de cette seule formule :

Pour le chef de légion ou le commandant de la compagnie en tournée, le chef d'escadron ou le capitaine.

Hommes entrant à l'hôpital ou allant en congé, permission, etc.

Art. 43. — Si un sous-officier, brigadier ou gendarme entre à l'hôpital, va en congé, en permission, ou aux eaux, le commandant d'arrondissement doit veiller à ce que ses armes et ses munitions soient remises au chef de brigade, qui est chargé de les faire entretenir en bon état.

Il en est de même pour les effets d'habillement, de harnachement et d'équipement des hommes veufs ou célibataires, dont la remise a dû être faite au chef de brigade sur inventaire.

Demande de secours. — Cas d'urgence.

(Décret du 18 février 1863, article 267.)

Art. 44. — Lorsque le commandant d'arrondissement apprend qu'un des militaires sous ses ordres se trouve dans une position nécessiteuse par suite de maladie ou de charges de famille imprévues, il adresse un rapport circonstancié au conseil d'administration pour lui demander un secours d'urgence en faveur de ce militaire.

Ce rapport doit indiquer l'état de la masse de l'homme, sa situation de famille et la cause de la gène momentanée dans laquelle il est tombé.

Le colonel doit envoyer au Ministre, du 1er au 5 de chaque mois, par bulletin collectif, avis des secours qu'il a accordés d'urgence. (Circulaire du 19 août 1878.)

Les secours ne peuvent plus être accordés d'urgence depuis la fin de la revue du chef de légion jusqu'à la clôture des opérations de l'inspection générale. (Décision ministérielle du 26 juin 1869.)

Les articles 226 et 268 du décret du 18 février 1863 étendent les dispositions bienveillantes de l'article 267 aux veuves ou orphelins des officiers, sous-officiers, brigadiers ou gendarmes récemment décédés.

Effets détériorés dans le service. (Instruction du 15 juillet 1855.)

Art. 45. — Si, dans l'exécution du service, un sous-officier, brigadier ou gendarme a ses effets détériorés, il en est donné avis immédiatement au sous-intendant militaire, et, à son défaut, au sous-préfet ou au maire de la localité appelé à le suppléer ; ce fonctionnaire doit en dresser procès-verbal dans le délai de cinq jours.

Ce procès-verbal indique la valeur approximative des effets avant l'accident, et l'indemnité qu'il y aurait lieu d'accorder.

Le commandant de l'arrondissement transmet cette pièce au conseil d'administration avec son avis motivé.

Les indemnités pour pertes en détériorations d'effets sont réglées : aux armées, par les articles 178 à 180 du décret du 18 février 1863 ; à l'intérieur, par les articles 198 à 201 du même décret.

Actes de courage et de dévouement.

Art. 46. — Lorsqu'un sous-officier, brigadier ou gendarme se distingue par un acte de courage ou de dévouement, le commandant d'arrondissement se transporte, s'il est nécessaire, sur les lieux, examine les faits et adresse un rapport circonstancié au commandant de la compagnie, qui en rend compte au chef de légion.

Voir à ce sujet les articles 69 et 72 du décret du 1er mars 1854. (Propositions pour médaille d'honneur ou gratification.)

Voir aussi l'article 225 du décret du 18 février 1863 : des gratification pécuniaires peuvent être accordées par le ministre de la Guerre, sur la proposition des chefs de légion.

La circulaire du 11 juin 1841 (Mémorial, 3e v., page 340) donne le modèle du mémoire de proposition à établir par le commandant de compagnie. Fournir à l'appui de ce mémoire un certificat du médecin qui aura donné les premiers soins au gendarme, s'il a été blessé ; une attestation du maire ou adjoint, constatant le fait, sur la déclaration des personnes présentes sur les lieux.

Aux termes de la circulaire ministérielle du 6 décembre 1858 (Mémorial, 6e v., page 392), le candidat devra être mis à même d'opter entre une récompense honorifique ou une gratification pécuniaire. Le cumul de ces deux natures de récompense, ne peut avoir lieu que dans des circonstances exceptionnelles.

Déclaration du candidat à fournir avec les pièces qui accompagnent le mémoire de proposition.

Le droit de récompenser les services rendus n'appartient qu'au chef de l'Etat, et aucune récompense ne peut être décernée par un corps civil ou militaire, sans l'autorisation du chef de l'Etat. (Circulaire du 19 avril 1853, Mémorial, 4e volume, p. 561.)

Blessures et accidents.

Art. 47. — Il assure l'exécution de l'art. 40 du décret du 1er mars 1854 en transmettant, sans aucun retard, au commandant de la compagnie, avec ses observations, les procès-verbaux et certificats qui lui sont adressées relativement aux blessures et accidents éprouvés par les militaires de l'arme dans l'exécution du service.

En cas de besoin, il se transporte sur le théâtre de l'évènement, pour vérifier par lui-même l'exactitude des faits qui lui ont été signalés, et faire donner sous ses yeux les soins nécessaires aux sous-officiers, brigadiers et gendarmes blessés.

Surveillance sur les enfants de troupe.

(Voir la dernière instruction pour les inspections générales de gendarmerie.)

Art. 48. — Le commandant d'arrondissement exerce une surveillance spéciale sur l'entretien et l'éducation des enfants de troupe maintenus chez leurs parents en raison de leur âge.

Il s'assure, dans ses tournées, que les chefs de brigade remplissent, à cet égard, les obligations qui leur sont imposées, dans l'intérêt de ces enfants, par l'art. 133 du présent règlement.

Les articles 55, 56, 174, 250, 251, 252, 337, 338, 340, 341, 356 et 674 du décret du 18 février 1863 et la circulaire du 7 octobre 1879 (Mémorial 10ᵉ v., page 219) donnent le détail des allocations en nature et deniers auxquels les enfants de troupe ont droit.

La circulaire ministérielle du 18 février 1880 fait connaître que la gratuité de l'externat surveillé dans les lycées sera accordée aux enfants de troupe qui suivent les cours de ces établissements.

Exclusion des étrangers dans les casernes.

Art. 49. — Il tient la main à ce que les chefs de brigade n'admettent à coucher ou à résider dans les casernes que les parents des sous-officiers, brigadiers et gendarmes qui ont obtenu préalablement du chef de légion l'autorisation de les recevoir.

Voir l'article 558 du décret du 1ᵉʳ mars 1854.

La circulaire du 6 novembre 1855 (Mémorial, 5ᵉ v., page 288) porte que tout officier ministériel, pour pénétrer dans une caserne de gendarmerie, doit préalablement demander un permis au commandant de la compagnie de gendarmerie. Il ne pourra signifier ses actes et même procéder à une saisie qu'une fois qu'il aura obtenu ladite permission.

La circulaire ministérielle du 16 décembre 1880 établit qu'à l'avenir les huissiers n'auront plus besoin de permission spéciale lorsque leur mission se bornera à remettre un acte ou une citation.

Les facteurs peuvent entrer dans les casernes pour présenter et recevoir des effets de commerce, factures, etc.

Admission de chevaux étrangers dans les écuries.

Art. 50. — Il veille également à ce qu'il ne soit admis dans les écuries des casernes aucun cheval étranger à l'arme.

Cette défense d'admettre dans les écuries de gendarmerie des chevaux étrangers à l'arme, n'est pas absolue. Les circulaires des 13 mars 1841 (Mémorial, 3ᵉ v., page 164) et du 27 août 1848 (Mémorial, 4ᵉ v., page 141) prescrivent aux commandants des détachements de chevaux de remonte, de laisser sous la surveillance du commandant de la gendarmerie les chevaux qui tomberaient malades en route. La 2ᵉ circulaire spécifie même que ces chevaux sont placés *autant que possible* dans l'écurie de la brigade, mais à condition que cette écurie soit suffisante et qu'il n'y ait pas d'inconvénient à réunir les chevaux malades avec les chevaux des gendarmes.

La surveillance qui est confiée à la gendarmerie a surtout pour but d'empêcher que les chevaux malades soient soumis à des travaux ou à des traitements qui compromettraient leur guérison ; mais le commandant de la gendarmerie pourra toujours faire placer le cheval malade dans une écurie particulière qu'il aura choisie de concert avec l'autorité locale, lorsqu'il jugera que le cheval ne saurait, sans inconvénient, être admis dans l'écurie de la brigade.

Le décret du 26 décembre 1876 portant règlement sur le service des vétérinaires, indique à l'article 39, les mesures à prendre pendant la route au sujet des chevaux malades, mais il n'y est pas question de la gendarmerie. Il est cependant bien évident que ce qui est applicable aux chevaux de remonte doit l'être aussi aux chevaux de toute l'armée.

Défense d'élever des animaux dans les casernes.

Art. 51. — Il est interdit formellement aux chefs de brigade d'introduire ou de tolérer, dans l'intérieur des casernes, des chiens, des lapins, des volailles ou d'autres animaux domestiques.

Cantines.

Art. 52. — Lorsque, dans les casernes où se trouvent réunies plusieurs brigades, le commandant de la compagnie, dans l'intérêt des sous-officiers, brigadiers et gendarmes qui ne peuvent pas faire leur ordinaire chez eux, a autorisé l'établissement d'une cantine, le prix de la pension et celui du vin sont fixés par le commandant d'arrondissement.

Perception du pain de troupe. (Circulaires des 15 novembre 1853 et 24 février 1854.)

Art. 53. — Dans le cas où les sous-officiers, brigadiers et gendarmes éprouveraient quelque difficulté dans la perception du pain de ration chez le fournisseur de l'armée, au prix arrêté par le ministre, le commandant d'arrondissement doit intervenir, en s'appuyant des circulaires ministérielles des 15 novembre 1853 et 24 février 1854.

Voir (Mémorial, 4ᵉ v., page 599 et 5ᵉ v., page 13) : dans les places pourvues de manutentions et dans les communes constituées gîtes d'étape, les sous-officiers, brigadiers et gendarmes sont autorisés à prendre, à titre remboursable, une ration de pain de table, s'ils sont célibataires, et deux rations par jour, s'ils sont mariés, ou veufs avec enfant.

Visites aux autorités locales pendant les tournées périodiques.

Art. 54. — Lors de ses tournées, le commandant d'arrondissement visite les autorités de la résidence des brigades, et s'informe, avec mesure, auprès d'elles de la conduite, de la manière de servir et du degré de considération dont jouissent les sous-officiers, brigadiers et gendarmes dans la localité.

Il s'assure, avec discrétion, que ces militaires ne contractent pas de dettes, qu'ils ne subissent les exigences de personne et qu'ils ne rendent aucun service incompatible avec la dignité de leur uniforme.

Voir (Mémorial, 8ᵉ v., page 463) circulaire ministérielle du 20 février 1873, sur les renseignements à demander aux diverses autorités.

Visites à l'improviste dans les brigades.

Art. 55. — Indépendamment des tournées périodiques

et de la visite des points de correspondance qui lui sont
prescrites par les art. 190 et 197 du décret du 1er mars 1854,
il se transporte à l'improviste dans les brigades toutes les
fois qu'il a lieu de supposer que le service y est négligé, ou
que l'ordre intérieur peut y être troublé par une cause
quelconque.

Il peut en passer l'inspection, et s'assurer par ce moyen
de l'exactitude et du zèle que chacun apporte à l'accomplissement de ses devoirs.

Ces visites à l'improviste peuvent être ordonnées par le
commandant de la compagnie, lorsque, par suite de renseignements obtenus, ou d'après ses propres observations.
il les juge indispensables dans l'intérêt du service.

L'article 190 du décret du 1er mars 1854, qui prescrivait aux commandants
d'arrondissement de faire quatre tournées par an, a été modifié par la circulaire ministérielle du 2 novembre 1874, qui fixe à trois le nombre des tournées à faire annuellement par les commandants d'arrondissement. La
quatrième tournée est remplacée par des visites inopinées.

Voir les articles 132 et 133 du décret du 18 février 1863 sur l'indemnité
accordée pour les visites inopinées.

Une circulaire du 16 décembre 1879 (Mémorial, 10e v., page 250) porte
à 6 fr. 50 l'indemnité accordée aux officiers pour le service de présence aux
opérations du tirage au sort et aux séances de conseil de révision, lorsque
ces services ont lieu en dehors de leur résidence.

La circulaire du 22 janvier 1881 modifie le nombre et les dates des tournées des officiers de gendarmerie. Pour l'année 1881 et à titre d'essai, la
tournée de juin des commandants d'arrondissement est supprimée et remplacée
par une deuxième visite inopinée ; les postes externes devront être vus deux
fois en tournées et deux fois inopinément pendant l'année. La seconde tournée aura lieu en octobre et non en novembre.

Patrouilles de nuit.

Art. 56. — Le commandant d'arrondissement donne des
ordres pour que les hommes employés au service de nuit
soient pourvus d'une lanterne, afin de pouvoir, au besoin,
prendre les renseignements nécessaires sur les auteurs des
crimes, délits ou contraventions qu'ils auraient à constater,
et s'assurer de l'identité des individus qu'ils rencontrent.

L'acquisition de la lanterne dont il est ici question a été ajournée par la
circulaire ministérielle du 18 septembre 1858. (Mémorial, 6e v., page 365.)
Mais, depuis cette époque, toutes les brigades de gendarmerie se sont
pourvues d'une lanterne sourde qui leur est indispensable pour les patrouilles
de nuit, ces patrouilles pouvant être converties en jonctions ayant lieu sur
des points éloignés des habitations. (Voir l'article 121 du présent règlement.)

Militaires transportés par les convois, sous l'escorte de la gendarmerie. (Circulaire du 11 juillet 1851.)

Art. 57. — Il donne des instructions formelles aux chefs

de brigade pour que, dans les escortes de prisonniers, les militaires qui ont droit au transport ne soient jamais confondus dans les voitures avec des prévenus ou condamnés civils, et encore moins avec des femmes.

Réquisition des employés salariés des communes et de l'État. (Circulaire du 17 décembre 1851.)

Art. 58. — Dans les cas d'absolue nécessité, et après en avoir conféré avec le sous-préfet, le commandant d'arrondissement peut requérir les employés salariés par l'Etat ou par les communes de concourir, avec la gendarmerie, au rétablissement de l'ordre et à la dispersion des rassemblements.

Militaires de la réserve.

Art. 59. — Il tient la main à ce que les chefs de brigade surveillent avec soin les militaires de la réserve, et qu'ils ne leur accordent des permissions d'absence ou de changement de résidence qu'après avoir rempli les formalités prescrites par les instructions des 26 novembre 1833, 3 mai 1834 et 21 juin 1836, et par l'art. 360 du décret du 1er mars 1854.

La nouvelle loi sur le recrutement de l'armée a complètement modifié les dispositions de cet article.

Voir le mémorial de la gendarmerie, 8e v., pages 293 à 309, 9e v., pages 289 à 297, ainsi que la première partie de l'instruction confidentielle du 20 décembre 1880 sur les devoirs de la gendarmerie, en cas de mobilisation.

Signature des billets d'hôpital. (Décision du 5 décembre 1855.)

Art. 60. — En cas d'absence du commandant de place ou de tout autre officier en remplissant les fonctions, il délivre les billets d'entrée à l'hôpital aux militaires voyageant isolément ou en congé, après qu'ils ont été visités par un médecin; il s'assure qu'ils ne séjournent pas dans cet établissement au-delà du temps nécessaire à leur guérison.

La circulaire ministérielle du 27 mars 1878 (Mémorial, 9e v., page 585) détermine les devoirs de la gendarmerie en ce qui concerne la visite médicale des hommes de la marine tombant malades en route.

Voir l'article 350 du décret du 1er mars 1854 sur la surveillance à exercer par la gendarmerie à l'égard des militaires malades.

Service médical dans les brigades. (Décision du 1ᵉʳ février (1855.)

Art. 61. — Le commandant d'arrondissement vérifie, lors de ses tournées, si, dans la ville où ils tiennent garnison, les médecins militaires donnent quand il en sont requis les soins nécessaires aux sous-officiers, brigadiers et gendarmes, ainsi qu'à leurs familles. Il assure, près de l'autorité compétente, l'exécution de ce service.

Voir l'article 269 du décret du 18 février 1863 sur les fournitures des médicaments aux militaires de la gendarmerie. Le prix de ces médicaments peut être imputé à la masse de secours.

Voir également les circulaires ci-après, traitant du même sujet :

31 mai 1863, Mémorial, 7ᵉ v., page 279; 20 novembre 1863, Mémorial, 7ᵉ v , page 304; 31 mai 1869, Mémorial, 8ᵉ v. page 17 à 20.

Service vétérinaire.

Art. 62. — Il vérifie de même si les chevaux de l'arme reçoivent les soins des vétérinaire militaires.

Le décret du 26 décembre 1876 portant règlement sur le service vétérinaire de l'armée, dispose que les vétérinaires militaires doivent gratuitement leurs soins aux chevaux des compagnies, ou brigades de gendarmerie de la localité dans laquelle ils tiennent garnison .(Mémorial, 9ᵉ v., page 435.)

Livret individuel.

Art. 63. — Avant de mettre un livret individuel neuf en usage, il s'assure que l'état civil et que les services de l'homme, et la date de la prestation du serment y ont été exactement portés, ainsi que son numéro matricule, le numéro de son compte ouvert, celui de ses armes et le signalement de son cheval. En cas d'irrégularité ou de réclamation, il en rend compte au commandant de la compagnie, qui fait opérer la rectification nécessaire par le trésorier.

Les livrets individuels sont arrêtés trimestriellement par les trésoriers. (Circulaire ministérielle du 30 décembre 1879. Mémorial, 10ᵉ v., p. 283.)

Réception des effets.

Art. 64. — Lors de la réception des effets d'habillement, de harnachement, d'équipement et de chaussure, dont l'envoi lui est fait par le trésorier, il en examine avec soin la qualité et la confection.

Distribution.

(Article 748 et 749 du décret du 18 février 1863.)

Art. 65. — La distribution des effets mentionnés à l'article précédent est faite aux sous-officier, brigadiers et gendarmes, au chef-lieu d'arrondissement, où ils sont appelés par l'officier commandant, qui leur fait essayer tous les effets en sa présence.

Aux termes d'une circulaire ministérielle du 15 mars 1865 (Mémorial 7ᵉ v. page 394) l'obligation imposée aux gendarmes de se rendre aux chefs lieu d'arrondissement pour y recevoir les effets de toute nature, est limitée à ceux de ces effets qui sont à essayer et à ajuster en présence de l'officier. Voir l'Instruction du 13 août 1872 (mémorial 8ᵉ v., page 315 à 399) sur l'uniforme de la gendarmerie et sur les dimensions des effets de grand et de petit équipement suivant les tailles des hommes.

Cas de mauvaise confection ou de défectuosités.

Art. 66. — En cas de défectuosités ou de mauvaise confection, il signale au commandant de la compagnie ceux de ces effets qu'il n'a pas cru devoir mettre en service, et il attend ses ordres à ce sujet.

Article modifié par le décret du 18 février 1863 qui prescrit au commandant d'arrondissement de renvoyer au conseil d'administration les effets qui ne s'ajustent pas bien à la taille des hommes. (Article 749.)

Inscription au livret des effets délivrés.

(Décret du 18 février 1863, article 748.)

Art. 67. — Le commandant d'arrondissement inscrit immédiatement et à la date des distributions, au livret des sous-officiers, brigadiers en gendarmes, les effets de toute nature qui leur sont distribués, après l'examen prescrit par les articles précédents.

Aux termes d'une circulaire ministérielle du 15 mars 1865 les effets du petit équipement, de pansage, et en général ceux qui n'ont besoin de n'être ni ajustés ni essayés, sont envoyés dans les brigades par les commandants d'arrondissement, avec un bordereau à faire émarger par l'homme au fur et à mesure de la remise; par suite, ces effets ne sont inscrits sur le livret individuel que lors de la première tournée du commandant d'arrondissement. (Mémorial, 7ᵉ v., page 394.)

Par une circulaire du 21 juillet 1863, le ministre interdit d'inscrire sur les livrets des militaires de la gendarmerie les effets adressés aux conseils d'administration par les fournisseurs et renvoyés à ceux-ci pour être retouchés. Les effets ne doivent être inscrits sur les livrets qu'après leur réception définitive. (Mémorial, 7ᵉ v., page 765.)

Effets d'occasion.

Art. 68. — Il n'autorise pas les sous-officiers, brigadiers

et gendarmes à acheter des effets réglementaires aux hommes quittant le corps, avant que ces effets n'aient été essayés en sa présence, reconnus acceptables et estimés de gré à gré ou à dire d'experts.

Le prix des effets d'occasion dont la reprise est ainsi autorisée est toujours acquitté de la main à la main, et ne peut jamais être imputé à la masse de l'acquéreur.

Il est rendu compte de ces achats au commandant de la compagnie par le rapport journalier, en lui adressant l'état détaillé des effets, avec indication des prix d'acquisition.

Généralement il est d'usage de vendre les effets des hommes quittant l'arme, au chef-lieu de la compagnie, comme cela a lieu pour les effets provenant des militaires décédés, conformément à l'article 681 du décret du 18 février 1863.

Entretien des effets de toute nature.

Art. 69. — Il rend les chefs de brigade responsable de la bonne tenue et de l'entretien des effets d'habillement, de harnachement, de grand et de petit équipement ; il sévit contre ceux qui seraient trouvés en défaut à cet égard.

Revue d'armement.

Art. 70. — Lors de ses tournées, il passe une revue détaillée de l'armement, et signale sur son rapport les réparations à effectuer.

Il s'assure que les commandants de brigade et les gendarmes sont pourvus de tous les objets accessoires prescrits par l'art. 42 du règlement du 1er mars 1854.

Il s'assure également que les munitions sont au complet, et que les paquets de cartouches laissés entre les mains des hommes sont cousus dans une toile sur laquelle est écrit lisiblement leur numéro matricule. Les enveloppes en papier des paquets portent la même inscription, ainsi que les cartouches libres laissées dans les gibernes.

Les deux derniers paragraphes ne sont reproduits que pour mémoire : ils sont modifiés par les instructions des 15 janvier 1874 et 19 octobre 1876 dont un extrait figure au règlement sur les exercices à pied et à cheval de la gendarmerie approuvé le 25 avril 1877 (pages 59 et suivantes).

Voir à la page 68 dudit règlement la nomenclature des accessoires d'armes.

Une circulaire ministérielle du 17 septembre 1880 supprime l'emploi d'un sachet en toile cousue pour renfermer les paquets de cartouches mis à la disposition des hommes. Cette enveloppe présentait d'assez sérieux inconvénients au point de vue du renouvellement des cartouches pour le tir à la cible et de la surveillance à exercer sur les munitions.

Voir la décision du 15 juillet 1878 (Mémorial, 9e v., page 649) sur le placement des munitions dans la giberne.

Mémoires de captures.

Art. 71. — Il adresse au conseil d'administration, dans les premiers jours de chaque trimestre, les mémoires de captures et de constatations de délits donnant droit à des primes.

Voir le chapitre VIII du décret du 18 février 1863 (Art. 276 à 313) pour les parts d'amendes, primes et gratifications sur des fonds spéciaux des divers départements ministériels.
Voir les annotations de l'art. 155 du présent règlement.

Paiement de la solde mensuelle.

Art. 72. — Il effectue chaque mois le paiement de la solde aussitôt qu'elle lui est parvenue. L'envoi des sommes dues aux brigades placées en dehors du chef-lieu d'arrondissement s'opère soit en numéraire, par la correspondance, soit par la poste, au moyen du mandat du receveur particulier des finances sur les percepteurs des communes.

Il renvoie directement au conseil d'administration les bordereaux de solde et autres pièces comptables, après s'être assuré que ces pièces ont été émargées ou acquittées par les parties prenantes.

Il doit aussi, en faisant le renvoi de ces pièces, porter à la connaissance du conseil les réclamations qui lui seraient parvenues au sujet de l'allocation de la solde ou des indemnités.

Le commandant d'arrondissement se conforme pour le paiement de la solde mensuelle à l'art. 672 du décret du 18 février 1863.

Vérification du livre de solde des brigades.

Art. 73. — Dans ses tournées, le commandant d'arrondissement examine avec le plus grand soin les inscriptions portées au registre de solde de la brigade, dont l'établissement est prescrit par l'art. 128 du présent règlement : il vérifie le compte arrêté de chaque homme, et n'y appose son visa qu'après s'être assuré que le chef de brigade a porté fidèlement au compte de chacun les recettes et dépenses qui doivent lui être imputées.

Il interdit formellement, sous la responsabilité personnelle du chef de brigade, l'usage de tout autre carnet ou registre dit *de famille*, non prescrit par les règlements.

Le registre de solde de la brigade porte le n° 17 de la nomenclature. Le modèle de ce registre figure au Mémorial, 6ᵉ v., page 369 (circulaire ministérielle du 15 octobre 1858).

Tenue des registres.

Art. 74. — Le commandant d'arrondissement tient les registres réglementaires. Il vise pendant ses tournées ceux des brigades, conformément aux dispositions des art. 180 et 195 du décret du 1er mars 1854. Il consigne sur celui des ordres du jour ses observations sur la discipline, les diverses parties de l'instruction, la tenue, l'armement, l'état des chevaux, les fourrages, le casernement, et aussi sur les relations des gendarmes entre eux.

Il se conforme, pour l'examen des cahiers d'écritures, aux prescriptions de l'art. 235 du décret précité.

Voir l'art. 200 du décret du 1er mars 1854 pour les registres à tenir par le commandant d'arrondissement.

Une circulaire ministérielle du 30 décembre 1879 (Mémorial, 10e v., page 282) arrête que les ordres du jour et circulaires à envoyer aux commandants de brigade et d'arrondissement seront autographiés sur des folios mobiles et renfermés dans un registre à écrou destiné à remplacer le registre n° 1, tenu auparavant à la main.

Depuis l'adoption de cette mesure, les observations à la suite des revues sont inscrites sur le registre n° 2. (Correspondances et rapports.)

Classement des archives.

Art. 75. — Le commandant d'arrondissement surveille la conservation et le classement des archives des brigades ; à cet effet, il s'assure, lors de la tournée qui précède l'envoi au chef-lieu de la compagnie des documents à détruire, qu'elles sont complètes et classées méthodiquement.

Il se fait représenter le catalogue des archives de chaque brigade, et vérifie qu'il y a été fait inscription de toutes les pièces qui leur appartiennent.

Il fait remplacer immédiatement les documents manquants, aux frais des commandants de brigade.

Voir le décret du 18 février 1863.

Art. 167. — Remise des archives au décès ou au départ du commandant d'arrondissement ou de brigade.

Art. 741. — Conservation des archives.

Art. 742 et 743. — Composition des archives.

Art. 744 à 747. — Destination à donner aux documents composant les archives.

Tenue des écuries.

Art. 76. — Il exige que les écuries soient constamment pourvues des ustensiles réglementaires, et que la dépense résultant de leur achat et de leur entretien soit prélevée sur le produit de la vente des fumiers.

Voir la circulaire du 23 septembre 1840 (Mémorial, 3ᵉ v., pages 122 à 127), sur les conditions que les écuries doivent remplir.

(3ᵉ v., page 201, circulaire du 22 juillet 1841 supprimant l'éclairage permanent dans les écuries. (Disposition reproduite par l'art. 139 du présent règlement.)

En aucun cas, les écuries ne doivent être éclairées au pétrole. (Décret du 24 avril 1873.)

(7ᵉ v., page 348), circulaire du 28 juin 1864 prescrivant l'usage de stalles fixes dans les écuries de gendarmerie. La partie inférieure des stalles doit être garnie de paillassons destinés à prévenir les tares des membres postérieurs. La confection de ces paillassons est laissée aux soins des gendarmes.

(7ᵉ v., page 306), circulaire du 30 novembre 1863. Les stalles ne doivent pas empêcher les chevaux de se voir. L'aération des écuries doit être largement réservée.

Chevaux nouvellement reçus. (*Instr. du 9 août 1856.*)

Art. 77. — Lors de ses tournées, le commandant d'arrondissement, assisté, s'il y a lieu, d'un vétérinaire, examine avec soin les chevaux récemment reçus des dépôts de remonte ou provenant de l'achat direct. Dans le cas où il serait reconnu qu'ils sont affectés de tares ou de maladies les rendant impropres au service de l'arme, il en informe le commandant de la compagnie.

Voir les annotations de l'art. 24 du présent règlement.

Etat des chevaux.

Art. 78. — Il lui est rendu compte, par le rapport journalier des brigades, de l'état des chevaux en général, et des chevaux de remonte en particulier. Il prescrit les mesures hygiéniques reconnues nécessaires par le vétérinaire.

Se conformer à ce sujet aux dispositions de l'instruction du 25 avril 1873 placée à la suite du présent règlement.

Substitutions fourragères par mesure d'urgence.

(Décision du 20 décembre 1855.)

Art. 79. — En cas d'urgence constatée par un certificat du vétérinaire, il autorise la substitution des denrées dans la ration de fourrage, mais il en rend compte immédiatement au commandant de la compagnie, qui prend les ordres du chef de légion.

En dehors de ce cas, aucune substitution de denrées ne peut être effectuée dans la ration des chevaux, qu'en se conformant aux dispositions de l'instruction ministérielle du 20 décembre 1855.

Voir les articles 10, 27 et 141 du présent règlement.

Chevaux proposés pour le vert.

(Ordonnance du 2 novembre 1833, art. 160.)

Art 80. — Tous les ans, à l'approche de la saison du vert, le commandant d'arrondissement établit l'état des chevaux auxquels il juge que ce régime est nécessaire ; il l'adresse, appuyé des certificats des vétérinaires, au commandant de la compagnie, qui prend les ordres du chef de légion.

Voir la circulaire du 17 février 1877 (Mémorial, 9ᵉ v., page 447), prescrivant des dispositions pour la mise au vert des chevaux de l'armée. Les chevaux de gendarmerie reçoivent une ration journalière de 50 kilos de vert, 3 kilos d'avoine et 2 kilos 500 de paille pour la litière.

Voir la circulaire du 22 mars 1873 (Mémorial, 8ᵉ v., page 532), qui prescrit de fournir trois mois après la cessation du régime du vert, un rapport du vétérinaire faisant connaître les résultats obtenus par cette mesure ; ce rapport sera visé par le chef de corps.

Les fourrages verts doivent être fraîchement coupés. Toute livraison ayant subi un commencement de dessiccation doit être refusée. (Cahier des charges du 18 janvier 1879.)

Soins à donner aux jeunes chevaux.

Art. 81. — Les jeunes chevaux devant être l'objet de tous les soins du commandant d'arrondissement, il s'assure qu'ils sont bien embouchés et que toutes les parties du harnachement sont convenablement ajustées ; il ordonne aux chefs de brigade de diriger le dressage des chevaux nouvellement reçus, en leur prescrivant de se conformer *à cet égard à l'article 5 du titre premier du règlement du 25 avril 1877 sur les exercices à pied et à cheval de la gendarmerie départementale.*

Voir aussi les articles 5 et 6 de l'instruction du 25 avril 1873, placée à la fin de ce volume.

Crins des chevaux.

Art. 82. — Il exige que les crins soient fait réglementairement du 25 au 30 de chaque mois, et que les chefs de brigade lui rendent compte du jour où cette opération a été terminée.

Voir l'ordonnance du 9 novembre 1833 (article 116) sur le service intérieur de la cavalerie.

Une circulaire du ministre, en date du 26 juillet 1880, fixe de la manière suivante la longueur à laquelle sera coupée la queue des chevaux dans les régiments de cavalerie, en France :

La queue étant tendue verticalement, les crins en seront coupés à quatre travers de doigt au-dessus de la pointe des jarrets.

Ferrure.

Art. 83. — Il veille à ce que le ferrage ne soit pas trop lourd, qu'il soit bien ajusté et convenablement entretenu, et qu'un seul maréchal soit chargé de la ferrure des chevaux dans la même résidence.

Voir l'annotation de l'article 23.

Chevaux blessés dans le service.

(Décret du 18 février 1863, art. 191.)

Art. 84. — Lorsqu'un cheval est blessé dans un service commandé, le commandant d'arrondissement fait dresser un procès-verbal auquel il joint un certificat du vétérinaire qui a été appelé à constater la gravité de la blessure. Ce procès-verbal est établi en double expédition et adressé au commandant de la compagnie.

Proposition de réforme d'urgence.

Art. 85. — Lorsqu'il y a lieu de provoquer la réforme d'urgence d'un cheval, le commandant d'arrondissement adresse un état de proposition au commandant de la compagnie, en y mentionnant tous les renseignements nécessaires, pour être transmis, avec le certificat du vétérinaire, au chef de légion.

Vente des chevaux réformés.

(Circulaire du 30 novembre 1855.)

Art. 86. — Lorsque la vente d'un cheval réformé a été autorisée, le commandant d'arrondissement fait procéder à cette opération en se conformant aux dispositions du décret du 18 février 1863 (articles 728 et 729) et de la circulaire du 30 novembre 1855.

Voir Mémorial, 5e v., page 299, pour l'instruction précitée.

Chevaux atteints de maladies contagieuses.

Art. 87. — Dès que la morve ou toute autre maladie contagieuse se déclare chez un cheval, le commandant de la résidence ordonne qu'il soit placé dans une écurie séparée.

Si le vétérinaire déclare, après examen, que l'animal doit être abattu, le commandant d'arrondissement adresse un rapport circonstancié au commandant de la compagnie, qui le transmet au chef de légion, afin d'obtenir son autorisation.

Voir pour les soins à donner le chapitre II, article 2 de l'instruction du 25 avril 1873, faisant suite au présent règlement.

Abattage d'un cheval.

Art. 88. — En cas de mort ou d'abattage d'un cheval hors du chef-lieu de la compagnie, où le conseil d'administration est chargé de ce soin, le commandant d'arrondissement fait procéder à la vente de la dépouille, et le produit en est adressé au trésorier pour être versé à la masse de l'homme.

L'article 326 du décret du 1er mars 1854 dispose que les chevaux abattus pour cause de morve seront enfouis avec leur cuir, pour prévenir et arrêter les effets des maladies contagieuses.

Désinfection des effets de pansage des chevaux morveux.

Art. 89. — Le commandant d'arrondissement veille à ce que le harnachement, les effets de pansage, les couvertures et autres objets qui ont servi à soigner les chevaux morveux ou farcineux soient immédiatement désinfectés ou détruits.

Voir le § 28 du chapitre II de l'instruction du 25 avril 1873 faisant suite au présent règlement.
Voir aussi l'article 144 du présent règlement.

Ordonnances des officiers.

Art. 90. — Les officiers de gendarmerie de tout grade sont autorisés à faire panser leurs chevaux par un gendarme de bonne volonté ; mais il leur est expressément interdit de distraire ce militaire de ses fonctions pour tout autre service qui leur serait personnel.

Voir l'article 655 du décret du 1er mars 1854. La circulaire ministérielle du 30 septembre 1867 (Mémorial, 7e v., page 661) rappelle qu'aucun gendarme ne doit être distrait de ses fonctions pour être employé à un service personnel.
Voir aussi la décision ministérielle du 8 octobre 1868 (Mémorial, 7e v., page 769) interdisant aux sous-officiers, brigadiers et gendarmes, de prendre

des tenues bourgeoises même dans l'intérieur des casernes et d'exercer un emploi quelconque dans des maisons particulières.

Cas de changement de résidence.

(Instruction du 30 août 1854.)

Art. 91. — Tout officier de gendarmerie qui change de résidence est autorisé, s'il a plus de quarante kilomètres à parcourir, à faire conduire ses chevaux à destination par un gendarme ou par la voie de la correspondance extraordinaire des brigades. Dans ce dernier cas, les chevaux sont accompagnés d'une feuille de route et des fonds nécessaires aux frais du voyage.

Cet article, complètement modifié, n'est porté ici que pour mémoire.

Voir la circulaire ministérielle du 7 septembre 1875 (Mémorial, 9e volume, page 275), portant que le transport des chevaux d'officiers de toutes armes, changeant de résidence en vertu d'un ordre de service, aura lieu dorénavant par les voies ferrées pour tout déplacement supérieur à un trajet consécutif de deux étapes, ou à cinquante kilomètres en dehors des lignes d'étape.

Voir la circulaire ministérielle du 31 décembre 1877 (Mémorial, 9e volume, page 548), au sujet des chevaux livrés aux officiers qui voyagent par les voies ferrées et qui doivent être accompagnés.

Voir aussi la circulaire ministérielle du 26 août 1878 (Mémorial, 9e volume, page 685), qui étend au transport des chevaux des gendarmes les bénéfices de la circulaire du 7 septembre 1875, lorsque ces derniers sont appelés d'office à changer de résidence.

CHAPITRE IV.

TRÉSORIER.

—

Attributions.

Art. 92. — Le trésorier est membre responsable et secrétaire rapporteur du conseil d'administration de la compagnie auprès de laquelle il exerce ses fonctions.

Responsabilité.

Art. 93. — Il fait toutes les recettes en deniers et leur versement immédiat dans la caisse du corps ; il acquitte toutes les dépenses prévues par les règlements ou autorisées par le conseil.

Il est responsable envers l'Etat de tous les fonds qu'il a été chargé de recevoir, jusqu'à ce qu'il en ait opéré le versement dans la caisse de la compagnie, et de ceux qui sont mis à sa disposition pour les dépenses courantes.

Il est responsable envers le conseil d'administration de la régularité des paiements et de la tenue de ses registres.

Il rédige, sous la direction du commandant de la compagnie, les lettres et les actes relatifs à ses fonctions, et que le conseil ou son président doit signer.

Mutations.

Art. 94. — Il reçoit tous les jours du commandant de la compagnie, avec les pièces à l'appui, l'avis des mutations survenues dans les brigades, en hommes et en chevaux.

Il dresse tous les cinq jours un état général de ces mutations, et l'adresse au sous-intendant militaire, après l'avoir soumis à la signature du commandant de la compagnie.

Paiement de la solde.

Art. 95. — Le premier jour de chaque mois, le trésorier effectue le paiement de la solde et des accessoires de solde payables par mois, et à terme échu, aux officiers, sous-officiers, brigadiers et gendarmes, en se conformant aux dispositions du règlement d'administration.

Service de l'habillement et de l'armement.

Art. 96. — Il est chargé de tout le détail du service de l'habillement et de l'armement.

Il est responsable envers le conseil d'administration de l'emmagasinement et de la conservation des effets de toute nature reçus par le conseil, ainsi que de la régularité des distributions et des écritures qui s'y rapportent.

Il est chargé, sous la direction du commandant de la compagnie, des réparations de l'habillement et de la chaussure, de l'entretien de l'armement et de la conservation des pièces d'armes et des munitions existant en magasin.

Distribution des effets.

Art. 97. — Le trésorier ne distribue ni armes ni effets que sur une délibération du conseil.

Travail d'inspection générale.

Art. 98. — Lors des inspections générales, le trésorier

est chargé, sous la responsabilité du commandant de la compagnie, de l'établissement des contrôles de revue et de l'état de situation des remontes de la compagnie, ainsi que des tableaux particuliers qui doivent être joints aux différentes parties du travail d'inspection, d'après les ordres de l'inspecteur général.

Cas d'absence ou de maladie.

Art. 99. — En cas d'absence ou de maladie, le trésorier est suppléé par son adjoint, qui devient alors responsable, comme le titulaire, de toutes les opérations qu'il est chargé d'accomplir auprès du conseil d'administration.

Il est du devoir du trésorier d'initier son adjoint à tous les détails de l'administration et de la comptabilité.

Les art. 516 et 591 du décret du 18 février 1863 règlent les attributions et les devoirs de l'adjoint au trésorier.

Pour ce qui concerne le trésorier, se reporter à la table des matières du décret du 18 février 1863, au titre Trésorier.

Voir également le décret du 1er mars 1854, art. 201 à 207, 211 et 220.

Une circulaire ministérielle du 29 juillet 1879 (Mémorial, 10e volume, page 123), supprime le registre analytique des procès-verbaux tenus par le trésorier.

Une circulaire ministérielle du 30 décembre 1879 (Mémorial, 10e volume, page 283) dispose que les livrets individuels seront arrêtés, non plus par les commandants d'arrondissement, mais par les trésoriers, dont le travail a été allégé par la suppression du registre des procès-verbaux.

CHAPITRE V.

MÉDECIN-MAJOR.

Fonctions spéciales.

Art. 100. — Le médecin-major est spécialement chargé du service de santé dans toutes les brigades de la compagnie de la Seine.

Voir la décision ministérielle du 24 avril 1879 (Mémorial, 10e volume, page 64), aux termes de laquelle les médecins-majors de première classe, chefs de service dans la garde républicaine, la gendarmerie de la Seine et la gendarmerie mobile, seront pris désormais parmi les médecins appartenant au service des hôpitaux, proposés et classés pour l'avancement dans le corps de santé militaire.

Rapport sanitaire.

Art. 101. — Il adresse chaque jour au chef de légion un rapport général résumant l'état sanitaire des différentes

casernes de Paris et de la banlieue, et rend compte nomina-
tivement de la situation des malades auprès desquels il a
été appelé.

Ce rapport général est visé par le commandant de la
compagnie.

Soins gratuits.

Art. 102. — Il est tenu de donner des soins gratuits non-
seulement à tous les officiers, sous-officiers, brigadiers et
gendarmes qui les réclament, mais encore à leurs femmes
et à leurs enfants.

Visites des gendarmes à l'hôpital.

Art. 103. — Il visite aussi fréquemment que possible,
au moins deux fois chaque mois, les militaires de la compagnie qui se trouvent aux hôpitaux. Il assiste aux opérations majeures.

Hommes impropres au service de l'arme.

Art. 104. — Il signale au commandant de la compagnie
les hommes qu'il reconnaît impropres au service de l'arme,
pour cause de maladie chronique ou d'infirmités.

Eaux thermales.

Art. 105. — Il délivre des certificats de visite aux hommes proposés pour des congés de convalescence ou pour
les eaux thermales.

Il tient note des effets consécutifs éprouvés par suite
des traitements subis, soit dans les hôpitaux, soit dans les
établissements thermaux.

Examen des militaires proposés pour la gendarmerie.

Art. 106. — Il visite les militaires qui se présentent
pour être admis ou réadmis dans la gendarmerie, et cons-
tate.leur aptitude par des certificats motivés.

Cette visite ne peut avoir lieu que sur l'ordre du commandant de la compagnie et en sa présence.

Visite des nouveaux admis.

Art. 107. — Il visite également, d'après les ordres de

cet officier supérieur, les militaires nouvellement arrivés à la compagnie, lors même qu'ils sont tirés directement des corps de troupe, et s'assure qu'ils ne sont atteints d'aucune infirmité ou difformité qui les rende impropres au service de l'arme.

Inspection des boîtes de secours dans les casernes.

Art. 108. — Il surveille l'entretien des boîtes de secours, et pourvoit, par les moyens réglementaires, au renouvellement ou au remplacement des médicaments déposés dans les casernes du corps.

Certificats de visite des hommes blessés.

Art. 109. — Il dresse des certificats circonstanciés de visite pour les hommes blessés dans un service commandé, par accident, ou par quelque circonstance que ce soit.

Registre analytique.

Art. 110. — Il tient un registre analytique de toutes les opérations auxquelles il est appelé à concourir par la nature de son service.

Ce registre est arrêté au dernier jour de chaque trimestre par le commandant de la compagnie.

Cas de trouble et de prise d'armes.

Art. 111. — Il assiste aux revues, exercices et manœuvres à cheval toutes les fois qu'un escadron au moins se trouve réuni.

En cas de troubles ou de prise d'armes, il monte à cheval en même temps que la troupe.

CHAPITRE VI

MARÉCHAL DES LOGIS ADJOINT AU TRÉSORIER.

Fonctions spéciales.

Art. 112. — Les fonctions et attributions du maréchal des logis adjoint au trésorier sont déterminées par l'article

220 du décret du 1er mars 1854 et par les *articles 516 et 591 du décret du 18 février 1863.*

Il ne peut être détourné de ses fonctions spéciales pour aucun autre service.

CHAPITRE VII.

BRIGADIER SECRÉTAIRE DU CHEF DE LÉGION.

Fonctions spéciales.

Art. 113. — Le brigadier secrétaire du chef de légion n'est point commandant de brigade : ses fonctions spéciales le dispensent de tout autre service, et il ne peut être astreint aux théories, revues ou exercices, qu'avec l'autorisation du chef de légion.

Voir l'article 221 du décret du 1er mars 1854. — Voir la circulaire ministérielle du 7 mars 1854 (Mémorial, 5e v., page 125), relative à la création de brigadiers secrétaires des chefs de légion.

La circulaire ministérielle du 10 octobre 1868 (Mémorial, 7e v., page 769) rappelle que le brigadier secrétaire du chef de légion est pris parmi les militaires de l'arme à pied.

CHAPITRE VIII

ADJUDANT, MARÉCHAL DES LOGIS CHEF, MARÉCHAL DES LOGIS, BRIGADIER, COMMANDANTS DE BRIGADE.

Attributions de l'adjudant.

Art. 114. — Les fonctions de l'adjudant sont déterminées par les art. 212 et suivants du décret du 1er mars 1854.

Fonctions et service.

Art. 115. — Le maréchal des logis chef remplit au chef-lieu de la compagnie les mêmes fonctions que l'adjudant au chef-lieu de la légion. En outre, il roule avec les sous-officiers, brigadiers et gendarmes pour le service des tournées, conduites et correspondances ordinaires, lorsque le service spécial dont il est chargé au chef-lieu de la compagnie lui en laisse la possibilité.

Devoirs généraux des chefs de brigade.

Art. 116. — Les sous-officiers et brigadiers doivent donner l'exemple de la bonne conduite, de la subordination et de l'exactitude à remplir leurs devoirs.

Ils surveillent les gendarmes placés sous leur commanment, en tout ce qui tient au bon ordre et à la tranquillité intérieure de la caserne.

Ils sont particulièrement chargés de tout ce qui est relatif aux détails du service, de la tenue, de la police et de la discipline de leur brigade.

Ils doivent comprendre que leur autorité dépend surtout de l'ascendant moral qu'ils savent exercer sur l'esprit de leurs inférieurs.

Dans les résidences où plusieurs brigades se trouvent réunies, la direction du service appartient au chef de brigade le plus élevé en grade, ou au plus ancien à égalité de grade.

Les sous-officiers, brigadiers et gendarmes commandant par intérim ou provisoirement exercent les mêmes droits et remplissent les mêmes obligations que les commandants titulaires.

Voir les articles 211 et 236 du décret du 1er mars 1854.

Voir la circulaire du 10 mai 1853 (Mémorial, 4e v., page 564 relative aux commandements provisoires ou intérimaires.

*Devoirs du maréchal des logis du chef-lieu d'arron-
dissement.*

Art. 117. — Le chef de brigade du chef-lieu d'arrondissement se rend tous les jours à l'ordre chez l'officier commandant, à l'heure qui lui est indiquée. Il reçoit, exécute et fait exécuter toutes les instructions qui lui sont données pour l'accomplissement du service. Il doit, en outre, et sans attendre au rapport du lendemain, rendre compte immédiatement à cet officier de tout ce qui survient d'important dans les vingt-quatre heures.

Lorsqu'il remplace ou supplée l'officier commandant, momentanément absent ou empêché par une cause quelconque, il répond à tous les besoins du service de l'arrondissement ; mais lorsque, sans inconvénient, il peut différer jusqu'au retour de cet officier de prendre une disposition de quelque importance, il s'abstient de faire aucune proposition ou demande ayant pour objet de changer le mode de service, ou de provoquer aucune mesure pouvant modifier la position individuelle d'un ou de plusieurs de ses subordonnés, à moins toutefois qu'il n'en ait reçu l'ordre du commandant de la compagnie.

Voir l'annotation de l'art. 116, ci-dessus, en ce qui concerne les commandements provisoires ou intérimaires.

Cas d'exigence abusive de la part des fonctionnaires.

Art. 118. — Les rapports que les commandants de tout grade de la gendarmerie doivent entretenir avec les diverses autorités locales sont déterminés par les art. 91 et suivants du décret du 1er mars 1854.

Dans le cas où des difficultés viendraient à se produire dans les relations de la gendarmerie avec un fonctionnaire, le commandant de brigade doit éviter d'engager aucune espèce de polémique; il doit se borner à rendre compte au commandant d'arrondissement.

Dans tous les cas, le commandant de brigade doit obtempérer aux réquisitions des autorités compétentes ; il informe le commandant d'arrondissement des exigences qui paraîtraient mal fondées.

En entrant en fonctions, les commandants de brigade sont tenus de se présenter devant les autorités de leur circonscription avec lesquelles ils doivent entretenir des relations de service.

Voir le Dictionnaire de la Gendarmerie aux articles Réquisitions et Visites obligatoires.

La Gendarmerie ne doit jamais être employée comme auxiliaire d'une police occulte, (Circulaire du 9 avril 1852, Instruction du 15 juin 1852 et Circulaire du 12 juillet 1852; Mémorial, 3e vol., p. 432, 475 et 485.)

Rapports spéciaux.

Art. 119. — Indépendamment du rapport quotidien que les chefs de brigade sont tenus d'adresser au commandant d'arrondissement, dans tous les cas prévus par l'article 77 du décret réglementaire, ils doivent rendre compte immédiatement au même officier de tous les événements qui leur paraissent de nature à influer sur la tranquillité publique. Dans les cas d'urgence, ils adressent directement les mêmes rapports au commandant de la compagnie, si la transmission hiérarchique doit entraîner un retard préjudiciable au bien du service.

Voir la circulaire ministérielle du 20 novembre 1855, sur les rapports de la gendarmerie avec l'autorité judiciaire (Mémorial, 5e volume, page 294).

Voir aussi, pour la suppression des formules de salutation et la forme des rapports à adresser aux autorités militaires, la circulaire du 28 mai 1880. Aucun rapport politique ne doit être fourni aux autorités. (Circulaire du 31 août 1879.)

Service commandé dans les brigades.

Art. 120. — Le service ordinaire et extraordinaire des brigades est défini par les articles 269 et suivants du décret du 1ᵉʳ mars 1854.

A l'exception des adjudants, tous les chefs de brigade roulent avec les gendarmes, et marchent autant que possible à leur tour pour le service des tournées, conduites, patrouilles, escortes et correspondances périodiques ou imprévues. Ce service est toujours fait par deux hommes au moins.

Le service exceptionnel des ordonnances, soit pour accompagner les officiers de service à cheval, soit pour le transport des dépêches urgentes, ne peut être fait que par les gendarmes.

Dans chaque résidence, le gendarme qui est le premier à marcher se tient prêt à monter à cheval au premier avis ; lorsque les circonstances l'exigent, le commandant de brigade peut ordonner que ce cavalier ait son cheval sellé et tout prêt à être bridé.

Le service de chaque jour est commandé, autant que possible, la veille au pansage du soir ; la liste en est affichée dans un endroit apparent de la caserne et à portée de tous.

Lorsque le service doit s'effectuer à la fois sur plusieurs points, les hommes qui sont les premiers à marcher font la course la moins longue, afin d'être rentrés les premiers à la résidence, pour doubler le service, s'il y a lieu, sans intervertir l'ordre des tours.

S'il survient un service à faire à l'improviste et à l'instant même, les premiers à marcher font ce service, et, s'ils sont portés sur la liste du jour, ils y sont remplacés par ceux qui suivent.

Toutefois, lorsque le service imprévu réclame une grande célérité, si les premiers à marcher sont momentanément absents de la caserne, le chef de brigade commande ceux qui suivent.

Le chef de brigade n'est pas astreint à se régler sur le contrôle d'ancienneté pour commander le service ; il doit, au contraire, éviter que deux nouveaux admis marchent ensemble ; il marche lui-même de préférence avec ceux dont l'instruction spéciale et l'expérience pratique laissent le plus à désirer.

L'article 134 du présent règlement dit aussi que le service est commandé à l'appel du pansage du soir.

L'art. 224 du décret du 1ᵉʳ mars 1854 dispose que tous les jours, avant six heures du matin, en été, et avant huit heures, en hiver, le commandant de la brigade règle le service et donne des ordres pour son exécution.

Autant que possible, c'est aux articles 120 et 134 du présent règlement que les chefs de brigade devront se conformer ; car, en commandant le service la veille au pansage du soir, ils permettront à leurs hommes d'être prêts plus facilement, surtout pour les services du matin. Cela n'empêchera pas le chef de brigade de donner au pansage du matin toutes les indications nécessaires, tous les ordres complémentaires, pour la bonne exécution du service. (Note de la rédaction.)

Patrouilles de nuit.

Art. 121. — Les commandants de brigade font et font faire de fréquentes patrouilles de nuit ; ils en tracent l'itinéraire de manière à faire parcourir les voies aboutissant aux routes les plus fréquentées ; les heures de ces patrouilles doivent être variées d'après les ordres du commandant d'arrondissement.

Ces patrouilles peuvent être converties, par l'ordre de ces officiers, en correspondances de nuit entre deux ou plusieurs brigades. En pareil cas, le lieu de réunion ne doit jamais être assigné dans des auberges, cabarets ou maisons déterminées ; la rencontre des patrouilles correspondantes doit toujours avoir lieu sur un point éloigné des habitations.

Ce service est constaté sur la feuille de chaque brigade par la signature des chefs de patrouille et par le visa du commandant d'arrondissement, lorsqu'il juge à propos de se rendre aux points de correspondance.

Voir l'art. 56 du présent règlement. — Voir les articles 234 et 503 du décret du 1er mars 1854.

La circulaire du 24 novembre 1855 (Mémorial, 5e vol., page 293), contient des instructions sur la manière de constater les services de nuit.

Cette circulaire rappelle aussi l'obligation relative à l'apposition du cachet des maires. Mais il est bien évident que dans la pratique il peut se produire telles circonstances empêchant de faire constater les services de nuit par une signature et surtout par un cachet. Dans ce cas, le chef de brigade n'en mentionne pas moins le service sur sa feuille, le fait certifier par les gendarmes, si c'est une jonction de nuit, et fait apposer la signature et le cachet du maire à son passage suivant dans la commune. (Note de la rédaction.)

Tournées de communes.

Art. 122. — Le commandant de brigade règle d'avance l'itinéraire des hommes envoyés en tournées de communes. Il fixe également celui que doivent suivre à leur retour les gendarmes qui se rendent aux correspondances, lorsqu'ils ne ramènent point de prisonniers. Il s'assure à leur rentrée, par la vérification de la feuille de service, de l'exécution des ordres qu'il a donnés.

Les sous-officiers, brigadiers et gendarmes envoyés en

tournée de communes cessent d'être astreints à suivre l'itinéraire qui leur a été tracé, si, dans le trajet, ils se trouvent appelés à constater un crime ou un délit, et à en poursuivre les auteurs. A leur retour à la caserne, ils rendent compte au chef de brigade de l'emploi de leur temps et des opérations qu'ils ont exécutées.

Voir l'art. 383 du décret du 1er mars qui reproduit les dispositions du premier paragraphe.

Corvées.

Art. 123. — Les corvées sont faites par les gendarmes ; le commandant de brigade en surveille l'exécution.

On distingue deux sortes de corvées : celles qui se font à tour de rôle et les corvées générales.

Les corvées à tour de rôle sont de balayer et tenir constamment propres les escaliers, corridors, selleries, magasins, buanderies et salles de police.

Les corvées générales, faites par tous les gendarmes qui ne sont pas de service extérieur, consistent à balayer tous les jours les écuries, les latrines, la cour, les abords de la caserne, et à les arroser quand il y a nécessité, à rentrer et placer les fourrages dans les magasins et à remuer l'avoine.

Le balayage et la propreté des chambres de sûreté, lorsqu'il en existe dans les casernes, sont à la charge de l'autorité municipale, conformément aux dispositions de la circulaire ministérielle du 20 fructidor an XI.

Le dernier paragraphe de cet article est complété par la circulaire du 7 juillet 1870 (Mémorial, 8e volume), qui définit nettement les devoirs des directeurs des prisons et de l'administration municipale en ce qui concerne la nourriture des prisonniers et la tenue des chambres de sûreté.
Voir les articles 234 à 245 du présent règlement pour la tenue du casernement.

Tenue des logements et réparations.

Art. 124. — Le commandant de brigade tient sévèrement la main à la bonne tenue des logements. A cet effet, il visite, une fois par semaine et autant que possible le dimanche, ceux occupés par les hommes mariés. Il visite plus souvent les chambres des célibataires, et tous les jours, s'il n'en est pas empêché, les locaux occupés en commun. Il s'assure que tous les effets et les armes sont placés avec ordre, selon l'ameublement de la chambre.

Une fois par mois, le chef de brigade passe une revue générale du casernement; il s'assure que la propreté règne partout, et que les vitres ont été lavées au dedans comme au dehors ; si des dégradations ont été faites par les hommes, il fait effectuer immédiatement les réparations qui sont à leur charge.

Si le commandant de brigade néglige de constater les dégradations lors du départ d'un homme de la brigade, il devient responsable des réparations auxquelles elles peuvent donner lieu.

Un extrait de l'état des lieux est toujours affiché derrière la porte d'entrée de chaque logement.

Le règlement du 25 avril 1877 sur les manœuvres prescrit les dispositions suivantes pour le placement des armes aux râteliers (Titre 1er, page 94). Dans les chambres, les carabines sont au râtelier, toujours déchargées, le bouchon à la bouche du canon et le chien à la position du cran de sûreté. Les porte-canons des râteliers d'armes doivent être garnis d'un morceau de drap. (Circulaire du 4 février 1878.)

Titre 1er, page 111. Dans les chambres, les revolvers sont au râtelier, toujours déchargés, suspendus par l'anneau de calotte, la bouche du canon en bas et le chien à l'abattu. La bouche du canon n'est jamais munie d'un bouchon.

Pour que le chef de brigade et au besoin les officiers dans leurs tournées puissent visiter les logements, il est indispensable que les gendarmes, lorsqu'ils s'absentent de la caserne, remettent leurs clefs au chef de brigade. (Note de la rédaction.)

Surveillance de la propreté personnelle.

Art. 125. — Outre la surveillance de propreté que le commandant de brigade exerce sur la tenue en général et sur toutes les parties du casernement, il veille à ce que ses subordonnés observent la plus grande propreté personnelle ; qu'ils se nettoient la tête, qu'ils se lavent le visage, les mains et les pieds, qu'ils soient rasés pour le service et qu'ils changent de linge en temps utile.

Aux appels des pansages, il inspecte la propreté des pantalons d'écurie et des effets de corvée.

Entretien des effets.

Art. 126. — Le commandant de brigade est responsable du bon état d'entretien, de propreté et de réparation des effets de toute nature. Il en passe une revue détaillée du 25 au 30 de chaque mois, et fait faire les réparations qui n'ont pour objet que l'entretien des effets.

Il examine surtout avec attention les effets de la tenue journalière ; il signale au commandant d'arrondissement, lors de ses tournées, ceux qui lui paraissent susceptibles d'être réformés.

Solde mensuelle.

Art. 127. — Le commandant de brigade règle la solde

aussitôt qu'il l'a reçue et la distribue dans les vingt-quatre heures.

Le bordereau arrêté par le trésorier est invariable ; s'il donne lieu à des observations ou à des réclamations, le chef de brigade les adresse au commandant de l'arrondissement, qui les transmet au commandant de la compagnie.

Tenue du registre des comptes.

Art. 128. — Le chef de brigade tient un *registre de comptes* destiné à servir à la vérification des comptes individuels de chaque sous-officier, brigadier ou gendarme, en ce qui concerne les recettes et dépenses qui doivent lui être imputées, soit par le trésorier, pour la solde et les allocations de toute nature, soit par le chef de brigade pour les recettes et les dépenses particulières de la brigade.

Il lui est formellement interdit, sous sa responsabilité personnelle, de faire usage de tout autre carnet ou registre dit *de famille*, non prescrit par les règlements.

Dans les résidences où se trouvent réunies plusieurs brigades, un seul registre de comptes est tenu par le chef de la première brigade ou par le plus ancien sous-officier, à grade égal, qui est chargé de répartir la solde et les allocations individuelles, en se conformant au bordereau d'émargement et autres pièces comptables.

Ce registre est soumis, à chaque tournée, au visa du commandant de l'arrondissement et à la vérification du commandant de la compagnie.

Voir l'annotation de l'art. 73 du présent règlement.

Cas de maladie. — Médicaments.

Art. 129. — Tout sous-officier, brigadier ou gendarme malade peut choisir son médecin pour se faire traiter ; mais le commandant de brigade doit, lorsqu'il le croit utile, faire constater régulièrement son état par le médecin désigné dans la localité pour donner gratuitement des soins aux militaires de la gendarmerie.

Les médicaments nécessaires à ces militaires ou à leur famille peuvent être fournis, sur des bons des médecins, par les hôpitaux militaires ou civils. La dépense résultant de cette fourniture est imputée à la masse de secours.

Lorsqu'il y a lieu d'envoyer un militaire de l'arme à l'hôpital militaire le plus voisin, le médecin délivre un certificat à cet effet, indiquant la nature de la maladie. Ce certificat est joint au billet d'hôpital délivré et signé par le commandant de la compagnie pour les hommes de l'arrondissement du chef-lieu, et par les commandants d'arrondissement pour ceux des autres arrondissements.

Le chef de brigade veille à ce que le malade ne prolonge pas abusivement son séjour à l'hôpital ou son exemption de service à la caserne ; il s'oppose à ce qu'il reprenne son service avant d'être complètement rétabli.

Voir les annotations de l'art. 64 du présent règlement en ce qui concerne la fourniture des médicaments.

Surveillance des nouveaux admis.

Art. 130. — Les nouveaux admis sont l'objet de soins particuliers de la part du commandant de brigade.

Il s'applique à connaître leur conduite et leurs mœurs ; il les dirige selon leur caractère et leur degré d'intelligence. Il s'occupe avec zèle et méthode de compléter leur instruction élémentaire, spéciale et militaire. Il ne perd pas de vue que l'encouragement est un puissant moyen d'émulation ; mais, s'il constate chez un gendarme de la mauvaise volonté ou un défaut complet d'intelligence, il en rend compte au commandant de l'arrondissement, qui signale, s'il y a lieu, au commandant de la compagnie, l'inaptitude de cet homme au service de l'arme.

Ordre intérieur des casernes.

Art. 131. — Le chef de brigade est responsable du maintien de l'ordre intérieur dans la caserne.

C'est par sa conduite personnelle, et en relevant à leurs propres yeux les hommes placés sous son commandement, qu'il doit s'efforcer d'assurer la bonne harmonie, qui ne peut exister que par l'estime mutuelle des gendarmes entre eux et par le respect de tous envers leur chef de brigade.

Le trouble apporté par un ou plusieurs de ces militaires au bon ordre de la caserne doit être sévèrement réprimé. Lorsque l'ordre est troublé par les femmes ou les enfants des sous-officiers, brigadiers ou gendarmes habitant la caserne, ou par les personnes autorisées par le chef de légion à y résider, le chef de brigade, après avoir fait cesser le désordre, rend compte au commandant d'arrondissement des faits qui se sont produits et des mesures qu'il a cru devoir prendre pour rétablir l'ordre.

Mariage des gendarmes.

Art. 132. — Lorsqu'il s'agit du mariage d'un gendarme

dans la résidence, le commandant de brigade fournit au commandant d'arrondissement , sous sa responsabilité , tous les renseignements qu'il a pu recueillir sur la moralité et la position de fortune de la personne que le gendarme se propose d'épouser, ainsi que sur la convenance de l'union projetée.

Voir les annotations de l'art. 39 du présent règlement.

Enfants de troupe.

Art. 133. — Les chefs de brigade sont tenus de veiller avec une sollicitude paternelle à l'entretien et à l'éducation des enfants de troupe maintenus chez leurs parents en raison de leur âge.

Ils signalent au commandant d'arrondissement les gendarmes pères de famille qui, recevant pour un de leurs enfants les allocations réglementaires, négligeraient de donner à cet enfant tous les soins que réclame son éducation physique, morale et intellectuelle.

Voir les art. 24 et 48 du présent règlement.

Pansages.

Art. 134. — Autant que le service le permet, les chevaux sont pansés à la même heure, sous la surveillance et la direction du commandant de brigade.

Le pansage du matin commence à six heures en été et à sept heures en hiver. L'heure de ce pansage est déterminée par un ordre de la légion, au commencement de chaque saison.

Celui du soir a lieu à trois heures en toute saison.

L'un et l'autre ne se font au dehors que quand la température le permet, en évitant de placer les chevaux dans les courants d'air, pour prévenir les transitions brusques de température. La durée du pansage doit toujours être d'une heure.

Les sous-officiers et brigadiers doivent panser eux-mêmes leurs chevaux. Toutefois, le commandant d'arrondissement peut autoriser les sous-officiers à faire panser leurs chevaux par un gendarme de bonne volonté, qui n'est exempt d'aucun service ni corvée ; mais ces sous-officiers n'en sont pas moins tenus d'assister au pansage et de le diriger.

A l'appel du pansage du soir, il commande le service, lit l'ordre du jour et donne les instructions particulières pour l'exécution du service commandé. Après le pansage, il fait signer tous les gendarmes présents au registre n° 1, au-dessous de l'ordre dont il a donné lecture, en se conformant au spécimen de ce registre.

Pour le pansage, voir l'article 6 du 1er chapitre de l'instruction spéciale du 25 avril 1873, à la suite du présent règlement.

Voir la circulaire ministérielle du 19 février 1875 (Mémorial, 9e v., p. 166), portant que l'emploi de l'étrille et la brosse en crin pour le pansage des chevaux de la genarmerie sera maintenu exceptionnellement.

Voir les annotations portées à la suite de l'article 82 du présent règlement.

Chevaux des hommes malades ou absents.

Art. 135. — A l'égard des chevaux des hommes malades ou absents, le commandant de brigade se conforme aux dispositions de l'article 229 du décret du 1er mars 1854.

Ces chevaux sont alternativement pansés, promenés et montés pour le service par tous les gendarmes de la brigade, à tour de rôle, à moins que l'un d'eux ne s'en soit chargé exclusivement ; mais toujours sous la surveillance du chef de brigade.

Litière.

Art. 136. — Chaque homme relève la litière de son cheval avant le pansage du matin, et balaye la place à fond.

Aussi souvent que le temps le permet, la litière est exposée dans la cour, et retournée, pour l'aérer et la faire sécher. Elle est ensuite placée derrière les chevaux jusqu'au repas du soir, heure à laquelle chacun refait la litière pour la nuit. Pendant le jour, il y a toujours au moins une demi-litière sous les pieds des chevaux.

Voir, pour tous ces soins, à la page 2 de l'instruction spéciale sur l'hygiène des chevaux, placée à la suite de ce règlement.

Balayage des écuries.

Art. 137. — Le balayage des écuries est une corvée générale faite par tous les gendarmes présents, à la suite de chaque pansage et de chaque repas des chevaux.

Dans les résidences où il y a un garde d'écurie, il est chargé du maintien de la propreté dans l'intervalle des pansages et repas.

Ustensiles d'écurie.

Art. 138. — Les ustensiles d'écurie et autres objets mobiliers des brigades à cheval sont de deux sortes : ceux qui appartiennent aux hommes et qu'ils entretiennent ou remplacent à leurs frais, et ceux qui appartiennent à la brigade et qui sont achetés, entretenus et remplacés en commun sur le produit des fumiers.

Un inventaire de ces derniers doit toujours être affiché dans un lieu apparent de l'écurie.

En cas de changement de résidence, nul n'a le droit de réclamer une partie des ustensiles payés en commun, ni de prétendre à un remboursement.

Éclairage des casernes.

Art. 139. — L'écurie n'est pas éclairée pendant la nuit; le chef de brigade ne fait allumer les lanternes ou réverbères que pour les besoins du service.

Les corridors et escaliers ne sont habituellement éclairés qu'en raison du nombre des brigades logées dans une même caserne. Cet éclairage ne peut, d'ailleurs, avoir lieu, soit temporairement, soit d'une manière permanente, que sur l'ordre ou avec l'autorisation du commandant d'arrondissement, qui en apprécie la nécessité dans l'intérêt du service.

Les dépenses de l'éclairage des écuries, corridors et escaliers sont payées en commun sur le produit des fumiers, à moins qu'il n'y soit pourvu aux frais de l'administration départementale ou municipale.

Le règlement du 9 juillet 1859 (Mémorial, 6ᵉ v., page 450), concernant les précautions à prendre pour éviter les incendies, interdit l'usage des allumettes chimiques phosphoriques dans les casernes.

Voir à la page 471 du même volume la décision ministérielle du 14 octobre 1869, relative au même sujet.

Une circulaire ministérielle du 21 avril 1873, non insérée au Mémorial, interdit absolument l'emploi du pétrole pour les écuries, dans tous les corps de troupe à cheval sans exception.

Réception des fourrages.

Art. 140. — Le commandant de brigade est toujours présent à la réception des fourrages; il est responsable du nombre de rations versées en magasin. Deux gendarmes au moins assistent à cette réception, et, conjointement avec le chef de brigade, ils comptent les rations, vérifient le poids des denrées et en examinent la qualité.

Lorsque, dans une distribution, les fourrages, en totalité ou en partie, sont reconnus de mauvaise qualité, le fournisseur est tenu de les reprendre et de les remplacer, En cas de refus, ou si, pour une cause quelconque, l'approvisionnement des fourrages à livrer n'était pas perçu en temps utile le chef de brigade s'adresse au sous-intendant militaire ou à son suppléant dans la localité, qui a qualité pour juger, avec ou sans expertise, si les fourrages doivent être acceptés ou refusés. Au besoin, ce fonctionnaire assure d'office la nourriture des chevaux aux risques et périls de l'entrepreneur de la fourniture ; compte immédiat en est rendu au commandant d'arrondissement.

Voir le dernier cahier des charges. (*Journal Militaire*, 1er semestre 1879, partie supplémentaire, p. 43.)

Voir les dispositions de l'article 10 de l'instruction du 88 août 1878, Mémorial, p. 689, reproduites dans le cahier des charges du 18 janvier 1879.

Le cahier des charges du 18 janvier 1879 donne, pour les brigades externes, la manière de constater les difficultés qui surviennent dans la livraison de denrées de mauvaise qualité ; des échantillons doivent être prélevés sur les denrées, en présence du commandant de brigade et du préposé. par le suppléant légal du sous-intendant, c'est-à-dire par le maire, et envoyés au sous-intendant militaire dans un récipient scellé.

En attendant la décision de la Commission, le service est assuré par l'entrepreneur ou, à défaut, à ses frais, au moyen de nouvelles denrées.

Le foin et la paille doivent être bottelés, — deux liens au plus qui ne doivent pas être mouillés. (Circulaire du 29 novembre 1857.)

Voici la composition des rations :

Pied de paix : Foin, 4 kil. ; paille, 4 kil. ; avoine, 4 kil. 550.

Camps et manœuvres ; chevaux baraqués : Foin, 4 kil. ; paille, 4 kil. ; avoine, 5.05.

Route et chevaux bivouaqués : Foin, 5 kil. ; paille, » ; avoine, 5.550.

Pied de guerre : Foin, 4 kil. ; paille, 2 kil. ; avoine, 5.890.

Vert : Foin, 50 kil. ; paille, 2.500 ; avoine, 3 kil.

Une circulaire ministérielle du 15 juillet 1856 (Mémorial, 5e v., p, 590 et 591) prescrit les dispositions ci-après relatives à l'exécution du service des fourrages dans les gîtes d'étapes :

L'officier chargé de précéder le régiment est autorisé à se faire assister pour la reconnaissance des denrées fourragères, dans les gîtes où il existe des brigades de gendarmerie, par un sous-officier ou brigadier de ce corps. Ce dernier devra se mettre à sa disposition et lui fournir tous les renseignements désirables sur la provenance des denrées fourragères et sur leur qualité par rapport à celle du pays ; après que ces denrées auront été reconnues et jugées bonnes, il veillera à ce que, jusqu'à l'arrivée du régiment elles ne soient l'objet d'aucune substitution.

Dans le cas où elles seraient refusées par l'officier préposé à la distribution, il secondera celui-ci dans les démarches et réquisitions à faire pour assurer leur remplacement immédiat par des denrées de meilleure qualité.

Substitutions fourragères.

(Circulaire du 30 décembre 1855.)

Art. 141. — La composition des rations de fourrages est invariable et réglementaire, et ce n'est qu'exceptionnellement que des substitutions de denrées sont autorisées.

En cas de maladie et sur l'avis du vétérinaire, le chef de brigade peut autoriser d'urgence la modification proposée. Il établit en même temps, en double expédition, un état auquel est annexé un certificat du vétérinaire indi-

— 64 —

quant la nature de la maladie, sa durée probable et le régime diététique à observer. Cet état est adressé hiérarchiquement au chef de légion, qui approuve définitivement le régime, s'il y a lieu. Pendant toute la durée de ce régime, le cavalier nourrit son cheval à ses frais, si l'approvisionnement de la brigade ne présente pas les ressources nécessaires. Dans ce cas, il reçoit l'indemnité spéciale déterminée par le sous-intendant militaire.

La substitution de denrées par mesure hygiénique ne peut avoir lieu qu'après avoir été autorisée par le chef de légion, sur un état de proposition qui lui est adressé par le commandant de la compagnie, auquel état est joint, avec l'avis du commandant d'arrondissement, un certificat du vétérinaire indiquant les causes qui motivent la substitution demandée, ainsi que sa durée probable.

Dans ce dernier cas, les fourrages sont toujours fournis par le magasin de la brigade.

La circulaire du 30 décembre 1855 a été modifiée par la circulaire du 21 février 1857 (Mémorial, 6e v., page 20), qui autorise les chefs de légion à n'avoir que deux chevaux au lieu de trois.

Le deuxième paragraphe du présent article est complété par les circulaires ministérielles des 5 avril et 5 août 1867. Dans la gendarmerie, les substitutions sont autorisées par les chefs de brigade, pour cause de maladie et en cas d'extrême urgence, sauf à en référer immédiatement au commandant d'arrondissement.

Les substitutions par mesure hygiénique sont autorisées par le chef de légion, sur certificat du vétérinaire.

Toutes les substitutions sont portées à la connaissance du général commandant le corps d'armée. (Journal militaire, IIe v., page 654.)

Denrées de substitutions pouvant entrer dans la ration de fourrages et bases d'après lesquelles elles sont décomptées, lorsque des substitutions sont prescrites par l'Administration. (Article 54 du cahier des charges.)

FOIN.	PAILLE de FROMENT	AVOINE (Intér.) ORGE (Algérie)	OBSERVATIONS.
Sainfoin, poids pour poids. Luzerne, poids pour poids. Paille, double du poids. Avoine (intér.) Orge (Algérie) } Moitié du p. Carotte, trois fois le poids. (1)	Pailles { de seigle d'avoine d'orge } p' poids. Foin et fourrages artificiels, moitié du poids. Avoine (intér.) Orge (Algérie) } quart du poids.	Orge (Intérieur) } poids Avoine (Algérie) } p' p'' Foin et fourrages artificiels, double du poids Paille, 4 fois le poids. Son, moitié en sus. Farine d'orge, 8/10 du poids.	(1) Lorsque la substitution de la carotte au foin pout avoir lieu, elle n'est autorisée que dans la limite .et sous les réserves indiquées par la note ministérielle du 2 déc. 1874. (*Journal militaire officiel*, 2e semestre, p. 730)

Aucun changement ne peut être apporté à la composition des rations déterminées par les tarifs sans une approbation du Ministre de la Guerre.

40 kilogrammes de fourrages verts à l'écurie représentent 12 kilogrammes de foin. Une journée de cheval à la prairie équivaut à une quantité de fourrages verts, correspondant au taux de la ration déterminée pour chaque arme.

Distribution de l'avoine.

Art. 142. — La distribution de l'avoine se fait à chaque pansage ; le commandant de brigade est tenu de la peser lui-même ; il fait mettre à part la ration des chevaux absents. La distribution est faite par demi-ration pour les chevaux qui ne sont pas montés le matin ; mais, pour ceux qui sont montés immédiatement après le pansage, le chef de brigade distribue les deux tiers de la ration au repas du matin et l'autre tiers au pansage de trois heures. Dans ce dernier cas, le cheval reçoit le matin, avant d'être monté, le premier tiers de la ration, le deuxième tiers à son retour à l'écurie, et le troisième tiers au pansage du soir.

Le commandant de brigade conserve entre ses mains la clef du coffre à avoine.

Il procède de la même manière pour les distributions de paille et de foin ; il exige que le foin soit bien secoué pour en faire tomber la poussière, que les tiges de la paille soient croisées, et que le fourrage soit jeté dans le râtelier aussitôt qu'il en a donné le signal.

Repas des chevaux.

Art. 143. — Le chef de brigade est présent à tous les repas des chevaux ; il exige que chaque homme donne lui-même à manger à son cheval ; toutefois, il peut dispenser d'assister au repas du matin ceux qui ont fait un service de nuit.

Il fait sortir, pour le pansage, les hommes punis de salle de police, mais il commande à tour de rôle un cavalier pour panser le cheval de l'homme puni de prison.

Soins donnés aux chevaux malades.

Art. 144. — Le commandant de brigade veille à ce que les chevaux malades soient visités en temps utile par le vétérinaire, et s'assure que les prescriptions de ce dernier soient exactement observées. Il est toutefois préalablement rendu compte au chef de légion de toute opération grave reconnue nécessaire.

Il fait placer dans une écurie séparée tout cheval atteint de maladie épizootique ou contagieuse ; il observe attentivement la marche de la maladie, et rend compte, jour par jour, au commandant d'arrondissement, de l'état du cheval malade.

En cas de mort ou d'abattage d'un cheval, il fait désinfecter la place qu'il occupait dans l'écurie, et ne permet pas qu'aucun cheval y soit placé avant que la désinfection n'ait été complète.

Il fait détruire ou désinfecter le harnachement, les effets de pansage, les couvertures et autres objets qui ont été mis en contact avec un cheval mort ou abattu par suite de maladie contagieuse.

Voir les articles 87, 88 et 89 du présent règlement.
Voir les annotations de l'art. 50.

Gendarmes rentrant de service.

Art. 145. — Lorsque des gendarmes à cheval rentrent de service, le chef de brigade veille à ce qu'ils ne dessellent pas trop tôt leurs montures, qui doivent être attachées au râtelier par la long, du licol, et assez court pour ne pas pouvoir se rouler. Lorsqu'on a dessellé, il fait mettre les selles à l'air ou au soleil, l'arçon en dessus, il en fait battre et nettoyer les panneaux avant qu'elles soient remises en place; il veille à ce que les chevaux soient bouchonnés.

Inspection des gendarmes de service.

Art. 146. — Il se conforme, pour l'inspection des hommes de service, à leur départ et à leur rentrée, aux dispositions de l'art. 230 du décret du 1er mars 1854.

Tableaux et affiches réglementaires.

Art. 147. — Le commandant de brigade est responsable de la conservation et de l'entretien des tableaux réglementaires affichés dans les casernes ; ces tableaux sont placés dans un endroit apparent et à portée de tous, afin que chacun puisse les consulter à volonté.

L'achat et le renouvellement des tableaux pour l'entretien des armes à placer dans chaque brigade, ainsi que les dépenses occasionnées par le tir à la cible, sont supportés par la masse d'entretien et de remonte. (Art. 261 du décret du 18 février 1863).

Etiquettes des chambres et écuries.

Art. 148. — Les étiquettes des chambres et des écuries sont mobiles et établies uniformément dans chaque légion, sur un modèle adopté par le colonel: Les chefs de brigade et les gendarmes sont tenus de s'en pourvoir à leurs frais.

Les étiquettes des chambres sont placées à la porte d'entrée de chaque logement, et celles des écuries à la tête des chevaux, au-dessus du râtelier.

Gendarme en état d'ivresse.

Art. 149. — Quand un gendarme est en état d'ivresse, le chef de brigade le fait coucher ; s'il trouble l'ordre, il charge les autres gendarmes de s'en rendre maître, et, au besoin, de le conduire à la salle de police. On doit écarter d'un homme ivre l'action immédiate du chef.

La punition encourue par un homme ivre ne doit lui être notifiée qu'après que l'état d'ivresse a totalement cessé.

Voir l'art. 564 du décret du 1er mars 1854 : « Le renvoi de l'arme peut être prononcé contre tout sous-officier, brigadier ou gendarme qui, en peu d'années, a subi trois punitions pour cause d'ivrognerie.

Art. 570 du même décret : « L'ivresse est réputée faute contre la discipline, *lors même* qu'elle ne trouble point l'ordre public ou militaire. »

Une décision ministérielle du 10 août 1872 (Mémorial, 8e volume, p. 314) prescrit d'inscrire le paragraphe ci-après sur le livret des hommes de troupe : « L'ivresse ne pourra, en aucun cas, être invoquée comme circonstance atténuante. (Art. 125 infanterie, 328 cavalerie, du règlement sur le service intérieur des troupes.) »

Voir la circulaire du 6 mai 1873 (Mémorial, 8e volume, pages 547 et 548), relative à l'application à l'armée des dispositions de la loi du 23 janvier 1873, tendant à réprimer l'ivresse.

Police des cantines.

Art. 150. — Dans les résidences où des cantines ont été autorisées, le chef de brigade, chargé de la direction du service, surveille la police de ces établissements.

Il s'assure que les consommations sont saines et de bonne qualité, et qu'elles sont livrées au prix du tarif réglé par le commandant d'arrondissement.

Du 3 au 5 de chaque mois, il s'assure que toutes les dépenses faites dans le cours du mois précédent ont été acquittées.

Il rend compte au commandant d'arrondissement des dettes contractées.

Visite des officiers.

Art. 151. — Lorsqu'un officier entre dans une chambre occupée en commun, le chef de brigade ou le plus ancien gendarme présent commande : *Fixe.*

A ce commandement, tous les hommes se lèvent, se

découvrent, gardent le silence et l'immobilité jusqu'à ce que l'officier soit sorti ou qu'il ait commandé : *Repos*.

Si c'est un officier supérieur, le chef de brigade ou le plus ancien gendarme commande : *A vos rangs ;* tous se placent au pied de leur lit ; lorsqu'ils y sont, le chef de brigade commande : *Fixe*.

Lorsque des officiers entrent dans une chambre occupée individuellement, le chef de brigade ou le gendarme prend la position indiquée ci-dessus, mais il n'est fait aucun commandement.

Vente du fumier.

Art. 152. — Le fumier n'est pas une propriété individuelle ; il appartient en commun à la brigade ; il est vendu de l'assentiment de tous les hommes ou de la majorité de ceux qui sont présents. En cas de partage des voix, celle du chef de brigade est prépondérante.

Les sommes provenant de cette vente sont employées à payer les ustensiles d'écurie et autres objets achetés en commun pour l'usage de la brigade. Ce qui en reste est partagé chaque mois entre tous, au prorata du nombre des journées de présence des chevaux.

Une décision ministérielle du 27 novembre 1855 (Mémorial, 5ᵉ v.' page 295) prescrit que les balances du modèle dit à sel, devront exister dans chaque brigade à cheval et seront payées sur le produit de la vente des fumiers.

Voir l'annotation de l'art. 149 sur la romaine (système à boule) prescrite pour le pesage des fourrages.

Ouverture et fermeture des portes de la caserne.

Art. 153. — Dans les casernes où il n'y a pas de garde de police, le planton est chargé, sous la surveillance du chef de brigade, d'ouvrir les portes de la caserne le matin, et de les fermer le soir.

Dans les résidences où il y a un gendarme de garde à l'écurie, ce service peut lui être confié. L'ouverture des portes de la caserne a lieu le matin, en toute saison, à l'heure du premier repas des chevaux. Elles sont fermées le soir à neuf heures en hiver, et à onze heures en été. La clef de la porte d'entrée est toujours remise au commandant de la brigade.

Le chef de brigade fait ouvrir et fermer les portes des cantines, dans les résidences où il en est établi, aux mêmes heures que les portes de la caserne.

Les services d'été et d'hiver sont réglés par les généraux commandant les corps d'armée.

Service réclamé la nuit.

Art. 154. — Lorsque, pendant la nuit, quelqu'un vient réclamer le service ou le secours de la gendarmerie, le chef de brigade doit répondre instantanément et prendre toutes les dispositions nécessitées par la circonstance.

Le gendarme de planton est aussi tenu de répondre au premier appel venant de l'extérieur, et, s'il est averti avant le commandant de brigade, il en prévient immédiatement celui-ci. Le service de la gendarmerie ne doit se faire attendre sous aucun prétexte.

Tenue des registres et écritures. — Frais de bureau.

Art. 155. — Les commandants de brigade sont personnellement chargés de la tenue des registres et écritures; à l'exception des adjudants et maréchaux des logis chefs, qui sont autorisés, sous leur responsabilité personnelle, à confier cette partie de leur service à un sous-officier ou brigadier de la résidence.

L'indemnité pour frais de bureau allouée aux commandants de brigade met à leur charge la fourniture des imprimés pour procès-verbaux, rapports journaliers et états réglementaires, ainsi que l'achat des papiers, plumes, encre, etc., employés à leur usage personnel.

Dans les résidences où se trouvent réunies plusieurs brigades, les frais de bureau sont payés entre eux tous, sur mémoires arrêtés par le commandant d'arrondissement lors de ses tournées.

Les gendarmes ne contribuent en rien au paiement des dépenses faites dans les bureaux des chefs de brigade ; mais ils sont tenus de se pourvoir à leurs frais de cahiers d'écriture, ainsi que des papiers, plumes et encre nécessaires à la rédaction des minutes de leurs procès-verbaux ou rapports.

Les frais de timbre pour l'établissement des mémoires donnant droit à des primes ou gratifications sont acquittés par les intéressés au profit desquels ils sont dressés.

Le dernier paragraphe de cet article est complètement abrogé par l'art. 221 de l'instruction du Ministre des Finances, en date du 20 septembre 1875. (Mémorial, 9° v., page 283.)

Les mémoires donnant droit à primes ou gratifications sont exempts du timbre (contrairement à l'art. 288 du décret du 18 février 1863), d'après les dispositions non abrogées de l'art. 16 de la loi du 13 brumaire an VII.

Répartition des parts d'amende ou de captures.

Art. 156. — Toute rémunération quelconque acquise à la gendarmerie, en vertu des lois et règlements, est payée intégralement (sauf les retenues réglementaires au profit de la masse individuelle) aux sous-officiers, brigadiers et gendarmes signataires des procès-verbaux constatant les opérations qui y ont donné droit, lorsqu'ils ont agi de leur propre mouvement.

Mais lorsque le service a été fait en vertu de mandements de justice, de signalements de déserteurs ou de tout autre ordre ou réquisition émanant de l'autorité, les allocations qui en résultent sont partagées en parties égales entre tous les hommes comptant à l'effectif de la brigade au jour de la rédaction du procès-verbal, à l'exclusion de ceux qui se trouvent absents ou détachés dans d'autres postes depuis plus d'un mois.

Ces dispositions sont confirmées par l'article 276 du décret du 18 février 1863.

Le paiement de ces rémunérations ne doit avoir lieu, dans aucun cas, que par l'intermédiaire du conseil d'administration, qui reçoit directement les sommes mandatées par les autorités compétentes.

Circulaire ministérielle du 4 août 1875 (Mémorial, 9ᵉ v., page 267), circulaire du directeur général des contributions indirectes du 13 août 1875. (Mémorial, 9ᵉ v., pages 270 et 271).

Sommes offertes à titre de rémunération.

Art. 157. — Il est formellement interdit à tout commandant de brigade d'accepter pour lui ou ses sous-ordres aucune espèce de rémunération offerte à l'occasion du service de la gendarmerie, soit par les administrations publiques ou particulières, soit par des propriétaires ou autres personnes privées.

Cependant, si, *à raison de services éminents rendus dans des cas exceptionnels*, des gratifications sont offertes à une brigade, il en est rendu compte hiérarchiquement au chef de légion, qui prend les ordres du ministre de la Guerre.

La circulaire ministérielle du 6 janvier 1869 (Mémorial, 8ᵉ v., pages 1 et 2), rappelle les dispositions du présent article. Il est permis toutefois de recevoir les médailles frappées au coin des Compagnies ou Sociétés, et qui ne peuvent pas se porter ; mais ces jetons ne devront être remis aux militaires de l'arme que par l'intermédiaire des chefs de légion. Il sera rendu compte au Ministre des circonstances qui auront motivé l'offre de ces récompenses.

TITRE II.

Devoirs généraux et communs aux différents grades.

—

CHAPITRE IX.

MARQUES EXTÉRIEURES DE RESPECT.

—

Devoirs généraux.

Art. 158. — Les militaires de la gendarmerie doivent, en toutes circonstances, déférence et respect aux grades supérieurs à ceux dont ils sont revêtus.

En raison de la spécialité de leur service et de leur position militaire tout exceptionnelle, les gendarmes ne doivent pas le salut aux sous-officiers des autres armes.

Les militaires des différents corps de l'armée doivent le salut à ceux de la gendarmerie, toutes les fois que ceux-ci portent les marques distinctives d'un grade supérieur au leur.

L'inférieur prévient le supérieur en le saluant ; le supérieur rend le salut.

Forme de salut.

Art. 159. — Le salut des militaires de tout grade de la gendarmerie consiste à porter la main droite à la corne du chapeau, le pouce en dehors, les quatre doigts en dedans, ou à se découvrir en présence d'un supérieur.

Il en est de même quand ils sont en képi.

A cheval, les officiers, sous-officiers, brigadiers et gendarmes saluent en portant la main droite à la coiffure, mais ils ne se découvrent point.

Tout sous-officier, brigadier ou gendarme qui est assis se lève pour saluer un officier, et se tourne de son côté.

Le salut ne se renouvelle pas dans une promenade ou dans tout autre lieu public.

Tout sous-officier, brigadier ou gendarme parlant à un officier prend une attitude militaire et demeure la tête découverte jusqu'à ce que l'officier l'autorise à se couvrir.

L'ordonnance du 2 novembre 1833 sur le service intérieur des troupes d'infanterie règle ainsi qu'il suit les formes de salut dans l'armée :

Article 197. — Le salut des officiers consiste à porter la main droite au shako ou à se découvrir lorsqu'ils sont en bonnet de police.

Les sous-officiers et les soldats saluent en portant la main droite au côté droit de la visière du shako ou du turban du bonnet de police, la paume de la main en dehors, le coude à hauteur de l'épaule.

Tout sous-officier ou soldat qui est assis se lève pour saluer un officier et se tourne de son côté.

Le salut ne se renouvelle pas dans une promenade ou dans tout autre lieu public.

Lorsque les officiers sont en shako, ils ne se découvrent chez leur supérieur qu'après l'avoir salué; les sous-officiers et les soldats ne se couvrent que lorsque le supérieur les y autorise. Tout sous-officier ou soldat parlant à un officier prend une attitude militaire; s'il est en bonnet de police, il le tient à la main jusqu'à ce que l'officier l'autorise à se couvrir.

Salut à l'égard des fonctionnaires.

Art. 160. — Les fonctionnaires de l'intendance, les officiers de santé et les officiers d'administration des divers services ont droit au salut des officiers, sous-officiers, brigadiers et gendarmes, suivant le rang d'assimilation.

Y ont également droit, suivant l'ordre de préséance, les fonctionnaires civils revêtus de leurs insignes.

Voir les articles 338, 339 et 340 du décret du 13 octobre 1863 sur le service des places, en ce qui concerne les honneurs à rendre par les sentinelles, plantons, etc., aux officiers, fonctionnaires civils et militaires, et aux membres de la Légion d'honneur ou décorés de la médaille militaire.

Aux termes de la circulaire ministérielle du 4 novembre 1874 (Mémorial, 9e v., page 125), les officiers des corps des sapeurs-pompiers, régulièrement nommés, ont droit, de la part de l'armée, aux marques de respect, telles que salut, port d'arme, etc. lorsqu'ils sont revêtus de leur uniforme.

Voir la circulaire ministérielle du 3 janvier 1878 (Mémorial, 9e v., page 551) en ce qui concerne les honneurs et marques extérieures de respect à échanger entre les militaires de l'armée et le personnel des douanes et des forêts.

Une circulaire ministérielle du 16 février 1880 prescrit les dénominations suivantes à employer par les hommes de troupe : Les adjudants des corps de troupe seront appelés « mon adjudant ».

Les médecins vétérinaires, officiers d'administration, gardes d'artillerie et adjoints du génie seront appelés du mot de « monsieur » suivi de la désignation du grade et de la fonction de celui auquel on parle. Exemple : Monsieur le médecin ou pharmacien principal, Monsieur le médecin inspecteur, Monsieur l'adjoint principal, ou Monsieur l'adjoint, ou enfin Monsieur l'officier d'administration.

Une circulaire ministérielle de 15 juillet 1879 (Mémorial, 10e v., page 118) règle le service à faire et les honneurs à rendre par la gendarmerie près des conseils de révision.

Plantons et ordonnances.

Art. 161. — En passant près des officiers, de quelque arme qu'ils soient, les plantons et ordonnances de gendarmerie, lorsqu'ils sont à pied et en arme, portent la carabine sans s'arrêter.

Quand ils sont chargés d'une dépêche, ils la remettent de la main gauche, et vont attendre à quelques pas de distance, et l'arme au pied, la réponse ou le reçu.

Si la dépêche est remise à un officier supérieur ou général, l'ordonnance à pied présente l'arme, la contient de la main gauche, et remet la dépêche de la main droite.

Les ordonnances à cheval saluent, et remettent ensuite la dépêche de la main droite.

Les gendarmes médaillés ne recevront pas le salut des sous-officiers, caporaux ou brigadiers des autres armes non médaillés, et réciproquement les sous-officiers, caporaux ou brigadiers décorés de la médaille militaire ne devront pas exiger le salut des gendarmes qui n'ont pas cette décoration. (Circulaire ministérielle du 30 septembre 1872), Mémorial, 8ᵉ v., page 404.

Voir les annotations de l'article 160 au sujet des honneurs à rendre par les plantons et ordonnances.

Le décret du 22 mai 1875 (Mémorial, 9ᵉ v., page 227) prescrit les dispositions suivantes à l'égard des décorés de la médaille militaire rentrés dans la vie civile :

1° Les sentinelles rendront aux médaillés, rentrés dans la vie civile et porteurs de la médaille militaire réglementaire, les honneurs prescrits par la décision impériale du 2 mars 1853, et l'article 340 du décret du 13 octobre 1863 sur le service des places ;

2° Les militaires non médaillés ne seront pas tenus à des marques extérieures de respect à l'égard des médaillés revêtus d'un habillement civil ou d'un costume étranger à l'armée.

CHAPITRE X.

NOMINATIONS, RÉCEPTIONS ET RECONNAISSANCES.

—

Mise à l'ordre des nominations.

Art. 162. — Les nominations d'officiers, de sous-officiers et de brigadiers sont mises à l'ordre de la légion.

Réception des officiers.

Art. 163. — Dans les chefs-lieux de compagnie où se trouvent réunies un certain nombre de brigades, les officiers de la résidence sont reconnus devant la troupe rassemblée à cet effet sous les armes par le commandant de la compagnie.

Il est procédé à la réception des officiers selon les formes prescrites par les règlements du 2 novembre 1833 sur le service intérieur des troupes d'infanterie et de cavalerie.

La formule, prononcée à haute voix par le commandant de la compagnie, est conçue dans les termes suivants :

De par le *Président de la République*, officiers, sous-officiers, caporaux ou brigadiers et soldats, vous reconnaîtrez pour votre. . M. . . . . , et vous lui obéirez en tout ce qu'il vous commandera pour le bien du service et pour l'exécution des règlements militaires.

Une décision présidentielle du 10 juin 1880 a modifié ainsi la décision présidentielle du 12 février 1874 (Mémorial, 9ᵉ v., page 18) qui portait « de par la loi, officiers, sous-officiers, caporaux ou brigadiers et soldats, vous reconnaîtrez, etc., etc.

Réception des sous-officiers.

Art. 164. — Les sous-officiers et brigadiers sont reconnus devant les brigades de la résidence assemblés, lors de la première prise d'armes ou revue du commandant d'arrondissement.

Mise à l'ordre des nominations dans la Légion d'honneur.

Art. 165. — Les officiers, sous-officiers, brigadiers et gendarmes, promus ou nommés dans l'ordre de la Légion d'honneur, sont mis à l'ordre de la légion.

Remise de la décoration.

Art. 166. — Ils reçoivent des mains de l'officier délégué à cet effet la décoration qui leur est conférée en présence de *six* brigades au moins réunies sous les armes au chef-lieu de la compagnie ou de l'arrondissement, d'après les ordres du chef de légion, et conformément au cérémonial prescrit par les règlements de l'ordre impérial de la Légion d'honneur.

Concession de médailles militaires.

Art. 167. — Les concessions de médailles militaires accordées à des sous-officiers, brigadiers et gendarmes sont mises à l'ordre de la légion.

La médaille leur est remise par le commandant d'arrondissement, en présence de *trois* brigades au moins réunies à cet effet sous les armes au chef-lieu de la compagnie ou de l'arrondissement.

Médailles d'honneur ou de sauvetage.

Art. 168. — Les médailles d'honneur ou de sauvetage, accordées à des militaires de la gendarmerie par le ministre de l'Intérieur, leur sont remises après insertion à l'ordre de la légion, par le commandant d'arrondissement, en présence de *deux* brigades au moins, réunies dans la tenue du jour et en sabre seulement au chef-lieu de la compagnie ou de l'arrondissement.

CHAPITRE XI.

PLANTONS ET GARDES DE POLICE.

—

Service journalier.

Art. 169. — Il est commandé tous les jours à tour de rôle, dans chaque brigade, un gendarme de planton, dont le service commence aussitôt après l'ouverture des portes de la caserne, et ne cesse que le lendemain à la même heure.

Consigne générale.

Art. 170. — Ce planton est en tenue de service dès l'ouverture des portes; il est chargé de surveiller les abords de la caserne, d'exécuter les ordres qu'il reçoit du chef de brigade, et d'empêcher les gendarmes de sortir dans une tenue irrégulière. Il se tient, autant que possible, en vue de la porte de la caserne, et ne laisse pénétrer sans motif aucun étranger dans l'intérieur. Il conduit devant le chef de brigade les personnes qui se présentent pour affaires de service.

L'autorisation écrite des commandants de compagnie ne doit pas être exigée des huissiers qui ont à se présenter dans les casernes pour la remise de citations ou de significations.

Mais ces officiers ministériels sont tenus de demander cette autorisation pour exercer dans les casernes de gendarmerie des recherches ou d'autres opérations qui pourraient inutilement troubler l'ordre intérieur des brigades. (Circulaire ministérielle du 16 décembre 1880).

Service dans la résidence.

Art. 171. — Le planton est employé dans la résidence à tous les services qui peuvent être faits par un seul gendarme, tels que la remise des dépêches, le service de la poste aux lettres, et, à défaut du chef d'escorte, la visite des prisonniers qui doivent être mis en route le lendemain par la voie des correspondances ordinaires ou extraordinaires, les avis à donner aux proposés des convois militaires, la délivrance des feuilles de route nécessaires aux militaires voyageant sous l'escorte de la gendarmerie, et enfin à toutes les courses dans la localité que peut exiger le service de la brigade.

Il peut être employé concurremment avec un autre gendarme ou avec le chef de brigade, à visiter les voitures publiques, les auberges et cabarets, lorsque les autres obligations qu'il est appelé à remplir ne s'y opposent pas.

Il est chargé chaque soir de fermer les portes de la caserne à l'heure indiquée, et d'en remettre les clefs au chef de brigade. Pendant la nuit, il est tenu de prévenir ce sous-officier de l'arrivée de toute ordonnance et de toute demande de service ou de secours venant de l'extérieur, et pouvant lui être adressée après la fermeture de la caserne.

Il est également chargé d'ouvrir les portes à l'heure prescrite par les consignes générales et particulières.

L'article 560 du décret du 1er mars 1854 fixe à 9 heures du soir en hiver et à 11 heures en été la rentrée des militaires à la caserne.

Une circulaire du 15 décembre 1879 (Mémorial, 9e v., page 730) réglemente le service du gendarme de planton dans les gares de chemin de fer.

Une circulaire du 23 octobre 1880 porte que le service de planton dans les gares sera réglé par les chefs de légion.

Garde de police.

Art. 172. — Dans les résidences où le nombre des brigades permet d'établir une garde de police, le planton permanent de la caserne est fourni par ce poste, qui est en même temps tenu de subvenir aux besoins du service éventuel de la localité.

Le chef du poste est chargé de l'ouverture et de la fermeture des portes de la caserne, dont les clefs restent entre ses mains.

GARDES D'ÉCURIE.

Service commandé et tenue.

Art. 173. — Dans les résidences où se trouvent réunies plusieurs brigades à cheval, il peut être commandé chaque jour un gendarme de garde d'écurie; ce service commence à la même heure que celui du planton de la caserne. La tenue de ce cavalier est en képi, veste d'écurie, pantalon de treillis et sabots, souliers ou vieilles bottes.

Responsabilité.

Art. 174. — Le garde d'écurie reçoit et rend, en présence du chef de brigade, les consignes et ustensiles d'écurie; il est responsable de la perte ou de la détérioration des objets qui lui ont été confiés.

Consigne générale.

Art. 175. — Il reste chargé, dans l'intervalle des repas et pansages, d'entretenir la plus grande propreté dans l'écurie, de ne laisser séjourner sous les chevaux ni urine ni crottin, et de relever la paille à mesure qu'elle s'étend, pour la remettre à la litière ou la rejeter dans le râtelier.

Surveillance des chevaux.

Art. 176. — Il doit exercer jour et nuit la plus active surveillance sur tout ce qui se passe dans l'écurie, et accourir au moindre bruit que font les chevaux, soit qu'ils se battent, s'embarrassent dans leurs longes ou se détachent.

Aérage. — Cas de maladie des chevaux.

Art. 177. — Le garde d'écurie a pour consigne d'empêcher que personne n'y entre avec du feu et qu'on y fume.

Il donne fréquemment de l'air à l'écurie en ouvrant les ventilateurs ou autres moyens d'aérage, mais en évitant d'établir des courants d'air qui peuvent être nuisibles à la santé des chevaux.

En cas de maladie, d'indisposition subite, ou d'accidents survenus aux chevaux dans l'écurie, il en rend compte immédiatement au chef de brigade, qui prend aussitôt les mesures nécessaires.

Il est interdit aux gendarmes de garde d'écurie de faire usage de leurs manteaux pendant ce service.

Voir les annotations de l'art. 139 en ce qui concerne l'interdiction des allumettes phosphoriques.

Les soins à administrer aux chevaux malades et l'aération à donner aux écuries sont indiquées dans l'instruction spéciale du 25 avril 1873, placée à la suite du présent règlement.

Voir aussi la circulaire ministérielle du 30 novembre 1863 (Mémorial, 7ᵉ volume, page 306), en ce qui concerne le mode des séparations dans les écuries des brigades et la nécessité d'augmenter l'aération de ces locaux.

CHAPITRE XII.

INSTRUCTION.

—

Dispositions générales.

Art. 178. — Le chef de légion exerce une haute surveillance sur l'instruction générale des compagnies placées sous son commandement. Indépendamment des ordres qu'il donne conformément à l'article 568 du décret du 1er mars 1854, pour fortifier et entretenir l'instruction militaire des brigades, il peut aussi prescrire toutes les mesures qu'il juge nécessaires à la bonne direction et au développement de l'instruction élémentaire et spéciale.

Le commandant de compagnie est particulièrement responsable de toutes les parties de l'instruction de sa compagnie ; il soumet, chaque année, le tableau de travail à l'approbation du chef de légion. Il assure l'exécution des ordres donnés à ce sujet et prescrit lui-même les dispositions qu'il croit utiles à leur application pratique.

Le commandant d'arrondissement est chargé de diriger les détails de l'instruction des sous-officiers, brigadiers et gendarmes placés sous son commandement. Non-seulement il fait exécuter les ordres qu'il a reçus à cet égard, mais il doit les développer pour en faciliter la mise à exécution dans les brigades.

Chaque chef de brigade est responsable envers le commandant d'arrondissement de l'instruction élémentaire, spéciale et militaire des hommes de sa brigade.

L'instruction des officiers, sous-officiers, brigadiers et gendarmes doit embrasser, en ce qui concerne chaque grade, le présent règlement et tout ce qui est prescrit par les articles 565 et suivants du décret du 1er mars 1854.

En outre des connaissances spéciales de l'arme et de l'instruction militaire, les sous-officiers, appelés à concourir pour le grade de sous-lieutenant, doivent posséder suffisamment les éléments de la langue française, de l'histoire de France, de la géographie et de l'arithmétique.

Le cours d'équitation militaire et le décret du 18 février 1863 sur la comptabilité doivent aussi être familiers aux officiers de tout grade.

Instruction élémentaire.

Art. 179. — Les cahiers d'écriture que les gendarmes doivent tenir sont cotés et paraphés par le commandant d'arrondissement. Ils sont visés par cet officier et par le commandant de compagnie, qui font connaître, dans chacune de leurs tournées, leur opinion sur les progrès obtenus.

Le chef de légion et le commandant de compagnie peuvent dispenser les gendarmes de l'obligation dé tenir un cahier d'écriture.

Le chef de brigade, avant d'apposer sa signature sur

ces cahiers, le samedi ou le dimanche matin de chaque semaine, indique à l'encre rouge les fautes d'orthographe, en soulignant les mots sans les biffer, et en les écrivant correctement au-dessus. Il mentionne dans son visa le nombre de fautes qu'il a corrigées, ainsi que les vices de forme qu'il a remarqués, s'il s'agit d'un procès-verbal fictif. Il indique ensuite par écrit le motif du procès-verbal ou le travail à faire dans la semaine suivante.

Lorsque le service le permet, les gendarmes peuvent être réunis périodiquement, pour constituer une classe d'instruction, sous la direction du commandant de brigade. Si plusieurs brigades se trouvent dans une même résidence le commandant d'arrondissement désigne le sous-officier ou le brigadier qu'il juge le plus capable d'être chargé de la direction de cette classe.

Lorsque les hommes demandent à prendre des leçons particulières près des instituteurs civils, ils y sont autorisés par le commandant d'arrondissement ; cet officier intervient au besoin dans la fixation du prix. Toutefois, cette autorisation n'est accordée qu'à la condition que les gendarmes ne seront point confondus avec les élèves civils.

Théorie militaire.

Art. 180 — Les sous-officiers, brigadiers et gendarmes candidats doivent pouvoir enseigner les écoles du cavalier et du peloton. Ils doivent également connaître tous les détails du service, afin d'être en état de conduire leur troupe.

La théorie des sous-officiers, brigadiers et candidats doit embrasser les bases de l'instruction du règlement approuvé le 25 avril 1877, les écoles du cavalier et du peloton à pied et à cheval, l'étude des règlements spéciaux de l'arme, enfin des notions d'hygiène et d'hippologie. Ceux de l'arme à pied sont dispensés de la partie de la théorie qui concerne le cheval.

Lorsque les brigades sont réunies pour l'instruction à cheval, les commandants d'arrondissement font une théorie pratique sur le terrain aux chefs de brigade et aux gendarmes candidats. Ils les exercent en même temps à l'école d'intonation.

Les deux premiers paragraphes du présent article sont extraits du règlement du 25 avril 1877 sur les manœuvres de l'arme, règlement qui a remplacé tout ce qui avait été suivi jusqu'alors.

Théorie sur le service spécial.

Art. 181. — Chaque chef de brigade fait une fois par

semaine la théorie sur le service spécial de l'arme. Les jours et les heures de cette théorie sont déterminés par le tableau de travail.

Elle doit embrasser toutes les dispositions du titre IV du décret du 1er mars 1854.

Le chef de brigade suit rigoureusement, pour cetie instruction, l'ordre successif des articles du décret précité, et ne passe jamais de l'un à l'autre avant d'être certain d'avoir été parfaitement compris.

Il s'applique à poser clairement les questions, et il exige que les gendarmes y répondent aussi textuellement que possible. Il leur développe au besoin les principes réglementaires, en leur proposant des exemples, pour en faciliter l'application dans l'exécution du service.

Théorie d'armement.

Art. 182. — Les commandants d'arrondissement surveillent les théories d'armement dans chaque brigade. A cet effet, ils s'assurent que les sous-officiers et brigadiers sont en état d'en faire la démonstration à leurs subordonnés, et qu'ils connaissent réellement la nomenclature, le démontage, le remontage, le nettoyage et le graissage de toutes les pièces d'armes, en se conformant aux prescriptions du règlement du 25 avril 1877, sur les manœuvres.

Ils exigent que ces théories soient faites deux fois par mois dans chaque brigade, et plus souvent, s'il est nécessaire, aux nouveaux admis.

Le règlement sur les manœuvres, approuvé le 25 avril 1877, donne avec les plus grands détails (pages 58 à 113) toutes les instructions nécessaires sur l'armement. Ce règlement a remplacé celui du 1er mars 1854, précédemment cité dans l'art. 182.

CHAPITRE XIII.

(Revisé d'après les décisions des 26 novembre 1872 et 24 juin 1875, et mis en concordance avec le règlement du 25 avril 1877 sur les exercices à pied et à cheval de la gendarmerie départementale.)

Interdiction des déguisements ou travestissements.

Art. 183. — Les officiers, sous-officiers et gendarmes ne sont considérés comme étant dans l'exercice de leurs fonctions que lorsqu'ils sont revêtus de leur uniforme. Tout déguisement ou travestissement est interdit.

Voir l'art. 119 du décret du 1ᵉʳ mars 1854.

Voir aussi l'art. 209 du même décret, sur la tenue de ville, qui peut être permise aux officiers de gendarmerie, en dehors du service.

Responsabilité du chef de légion.

Art. 184. — Le chef de légion est responsable de la régularité de la tenue des militaires sous ses ordres ; il ne lui est permis, sous aucun prétexte, d'y rien changer, ajouter, prescrire ou tolérer, qui ne soit conforme aux règlements.

Des différentes tenues.

Art. 185. — Il y a quatre sortes de tenues :
1° La tenue du matin ;
2° La petite tenue ou tenue du jour ;
3° La tenue de service ;
4° La grande tenue.

La tenue du matin est permise aux officiers, sous-officiers, brigadiers et gendarmes, hors des casernes, jusqu'à midi seulement.

La petite tenue est la tenue habituelle ; elle se prend à partir de midi.

La tenue de service est la tenue obligée de service à cheval ou à pied.

La grande tenue ne se prend que lorsqu'elle est indiquée par l'ordre de la légion ou de la place.

Tenue des officiers.

Art. 186. — Dans tout service et dans toute réunion de brigades, les officiers, quel que soit leur grade, sont dans la même tenue que la troupe. Leur tenue du matin est en tunique et képi.

La petite tenue et celle de réception chez les autorités est en tunique, épaulettes et aiguillettes, pantalon, petites bottes à éperons, chapeau bordé de noir, épée.

Pour tout service individuel, *hors la résidence*, la tenue est en tunique, épaulettes et aiguillettes, pantalon de drap à la hongroise, bottes à la Condé, sabre et képi. Le cheval doit être complètement harnaché avec housse et chaperons de petite tenue.

Les officiers ne peuvent porter dans le service que les effets, armes et insignes déterminés par les règlements.

Les officiers doivent porter le sabre *d'ordonnance* dans les services où cette arme est exigée. (Note ministérielle du 23 décembre 1875.)

La tenue doit toujours être très régulière. (Circulaire du 19 décembre 1879.)

Tenue du matin.

Art. 187. — La tenue du matin pour la troupe est en képi, cravate bleue, veste, pantalon bleu ; le pantalon de treillis n'est porté que pour les pansages, mais jamais hors de la caserne, si ce n'est pour la promenade des chevaux.

Les sous-officiers sont en képi, tunique, cravate bleue, sans aiguillettes, et pantalon bleu.

La tenue du matin est obligatoire pour les sous-officiers, brigadiers et gendarmes dans l'intérieur des casernes ; cependant, pour les pansages et les corvées intérieures, les gendarmes à cheval feront usage de sabots et de blouses en toile grise du modèle adopté pour la garde républicaine. Aucun vêtement ou coiffure non d'uniforme ne doit y être toléré, sous quelque prétexte que ce soit.

Petite tenue ou tenue du jour.

Art. 188. — La petite tenue pour les deux armes est en tunique, trèfles et aiguillettes, pantalon, petites bottes avec ou sans éperons, suivant l'arme, chapeau, col noir, sabre ou sabre-baïonnette en ceinturon.

Les sous-officiers et brigadiers portent l'épée ; il leur est formellement interdit de porter cette arme pour tout service hors de la résidence.

Tenue de service.

Art. 189. — Modifié par décision ministérielle du 24 juin 1875.

Port du revolver.

Les circonstances qui motivent le port du revolver dans le service à pied sont laissées à l'appréciation, soit du chef de légion, soit du commandant de compagnie ou d'arrondissement, soit même du commandant de brigade.

Service à pied.

Pour les deux armes, la tenue pour tout service à pied, *dans la résidence*, est en petite tenue.

Dans l'arme à pied, la tenue pour tout service, *hors la résidence*, est en tunique avec giberne et sabre-baïonnette, trèfles et aiguillettes, col noir et chapeau le jour, cravate bleue, et képi la nuit, pantalon large sur le brodequin, les hommes sont armés du *fusil* et portent, s'il y a lieu, le revolver dans son étui.

Dans l'arme à cheval, lorsque, par une circonstance exceptionnelle, et notamment pour le parcours des bois et forêts, le service se fait à pied, la tenue est en tunique, trèfles, aiguillettes, giberne, sans sabre ; mais les hommes ont le pantalon large sur la petite botte, avec le fourreau de baïonnette attaché au ceinturon. Ils sont armés de la *carabine* (1) et portent, s'il y a lieu, le revolver dans son étui. Cette tenue est la même pour les sous-officiers, brigadiers et gendarmes chargés d'escorter des prisonniers transportés en chemin de fer ou dans des voitures cellulaires.

Une circulaire du 18 août 1877 (Mémorial, 9ᵉ volume, page 520) dispense les sous-officiers, brigadiers et gendarmes à pied et à cheval du port de la carabine dans tous les services où le revolver sera reconnu suffisant ; autorise les sous-officiers, brigadiers et gendarmes à ne pas emporter leurs carabines pour les escortes de prisonniers en chemin de fer et en voiture cellulaire, chaque fois que cette mesure ne sera pas nécessitée par des circonstances particulières.

En outre, les sous-officiers, brigadiers et gendarmes seront dispensés du port du chapeau pour les escortes de prisonniers en chemin de fer ou en voiture cellulaire, ainsi que pour les escortes de poudre.

Ils porteront donc le képi pour ces divers services ; mais, ils conserveront le col noir et ne pourront être autorisés à porter la cravate bleue. Cette cravate sera exclusivement réservée pour les services qui ne se font que la nuit, conformément aux dispositions de la décision ministérielle du 24 juin 1875.

Une circulaire ministérielle du 9 juillet 1874 (Mémorial, 9ᵉ volume, page 68) prescrit aux militaires de l'arme à cheval de prendre soin, chaque fois qu'ils auront à mettre pied à terre, et avant de quitter la selle, de placer dans l'étui le revolver se trouvant dans la sacoche, afin de n'être jamais désarmés. Cette circulaire recommande aussi de dispenser les sous-officiers, brigadiers et gendarmes *à pied* et *à cheval* du port de la carabine dans tous les services où le revolver sera reconnu suffisant.

Pour le service de recrutement près des conseils de révision, la tenue est en armes. (Circulaire du 15 juillet 1879.)

Service de nuit.

En toute saison, les services de nuit, *dans la résidence*, sont faits en petite tenue, sabre et képi, plus le revolver quand il en sera ainsi ordonné.

Service à cheval.

La tenue pour les services *hors la résidence* est en tunique, trèfles et aiguillettes, col noir et chapeau le jour, cravate bleue et képi la nuit, pantalon à la hongroise, giberne, sabre, bottes à la Condé : chaque militaire est complètement armé.

---

(1) Le fusil est remplacé par la carabine *(Décision du 13 mars 1873)*.

La tenue du service, *dans la résidence*, est la même que ci-dessus.

Le service dans les gares, quel que soit leur éloignement de la caserne, ainsi que le service près des autorités civiles et militaires, ou de participation avec elles, est toujours fait en chapeau et col noir.

La giberne est supprimée dans tous les services ne comportant pas le port de la carabine.

La giberne étant enlevée et le revolver étant porté à gauche, le portefeuille de correspondance sera placé à droite, pour permettre aux hommes de l'arme à cheval de saisir le sabre plus facilement.

Nota. — Pour les exercices et les réunions d'instruction, la tenue est celle prescrite aux différentes écoles dans le règlement sur les exercices à pied et à cheval, approuvé le 25 avril 1877.

Ces tenues sont les suivantes :

Page 117. — Ecole du cavalier à pied (sans armes), veste et képi.

Page 129. — Ecole du cavalier à pied (avec armes), même tenue, l'instructeur fait prendre le chapeau les derniers jours du travail en armes.

Page 167. — Ecole du cavalier à cheval. Les cavaliers sont en veste d'écurie, képi et bottes avec éperons. L'éperon est muni d'un cache-éperons pendant le travail préparatoire.

Page 272. — Ecole du cavalier à cheval (travail en armes), le cavalier porte habituellement la carabine à la grenadière; il est aussi exercé la carabine étant à la botte.

Page 285. — Ecole du peloton à cheval. Les cavaliers sont en petite tenue. Coiffure distinctive et en armes. Ils ont la carabine tantôt à la grenadière et tantôt à la botte. Pour terminer l'instruction, les chevaux sont chargés.

Page 178. — Ecole du peloton à pied. La tenue des cavaliers est la même qu'à l'école à cheval correspondante.

Cet art. 189 est la reproduction exacte de la décision ministérielle du 24 juin 1875, à laquelle une circulaire du 18 août 1877 prescrit de donner une plus grande extension, en autorisant les sous-officiers, brigadiers et gendarmes à ne pas emporter la carabine pour les escortes de prisonniers en chemin de fer, chaque fois que cette mesure ne sera pas nécessitée par des circonstances particulières.

Les sous-officiers, brigadiers et gendarmes seront dispensés du port du chapeau pour les escortes de prisonniers en chemin de fer ou en voiture cellulaire ainsi que pour les escortes de poudre. Ils porteront le képi pour ces divers services, mais ils conserveront le col noir et ne pourront pas être autorisés à porter la cravate bleue. Cette cravate sera exclusivement réservée pour les services qui se font la nuit, conformément aux dispositions de la circulaire du 24 juin 1875.

Le règlement provisoire de 1872, cité dans le *nota* placé à la fin de l'article 189, est remplacé par le règlement sur les exercices à pied et à cheval, approuvé le 25 avril 1877.

La circulaire du 9 juillet 1874 prescrit de recommander aux militaires de l'arme à cheval de prendre soin, chaque fois qu'ils auront à mettre pied à terre, et avant de quitter la selle, de retirer le revolver de la sacoche et de le placer dans son étui, afin de n'être jamais désarmés. Cette circulaire recommande de dispenser les sous-officiers, brigadiers et gendarmes *à cheval* et *à pied* de prendre la carabine dans les services où le revolver sera reconnu suffisant.

Grande tenue.

Arme à pied.

Art. 190. — La grande tenue est celle de service dans la résidence complétée par le port de la giberne et du havre-sac.

Arme à cheval.

La grande tenue est la même que celle de service dans la résidence, à l'exception du pantalon de tricot blanc qui remplace le pantalon de drap à la hongroise, et les pans de tunique qui sont relevés en dessus, en forme de retroussis.

La grande tenue à pied est celle de service dans la résidence complétée par le port de la giberne.

Nota. — Dans toute espèce de tenue, les officiers, sous-officiers, brigadiers et gendarmes doivent toujours, hors des casernes, être gantés.

Tenue des gendarmes réservistes territoriaux et prévôtaux.

La tenue des gendarmes réservistes, territoriaux ou prévôtaux est déterminée par l'instruction ministérielle du 29 août 1877. (Mémorial, 9e volume, pages 522 à 525.)

Voir la circulaire ministérielle du 31 août 1872 (Mémorial, 8e volume page 401) autorisant les gendarmes à pied à ne pas porter le havre-sac lorsqu'ils font le service avec des gendarmes à cheval non montés. Les gendarmes à pied n'auront jamais le sac dans les prises d'armes pour service d'honneur.

Cheveux et moustaches.

Art. 191 — Les cheveux doivent être coupés court, surtout par derrière ; ils ne forment jamais de touffes ni boucles sur les tempes.

Les moustaches doivent s'étendre sur toute la longueur de la lèvre supérieure.

La largeur de la mouche ne doit pas dépasser quatre centimètres et sa longueur six.

Les favoris ne dépassent pas le bas de l'oreille de plus de dix millimètres et ne se joignent pas aux moustaches, qui ne doivent être ni cirées ni graissées.

Une circulaire ministérielle du 9 juillet 1871 (Mémorial. 8e volume, p. 208) rappelle les instructions en vigueur concernant le port des moustaches et de la mouche. Les militaires de l'armée d'Afrique sont autorisés à porter la barbe.

Coiffure et armement.

Art. 192. — Le chapeau de grande tenue se porte de la manière dite *en bataille.* Pour que cette coiffure soit bien placée, le bouton doit correspondre au-dessus de l'œil gauche, le côté droit légèrement incliné à droite; la mentonnière se boucle à droite, le haut de la boucle ne dépassant pas le bas de l'oreille.

Le shako et le képi doivent être portés droit et d'aplomb sur la tête, de manière que le milieu de la visière corresponde à la ligne du nez; ces coiffures sont maintenues par une mentonnière en cuir verni, la boucle ajustée comme celle du chapeau.

Pour tout service de guerre, le képi remplace le chapeau.

Les militaires de l'arme à pied portent le sabre-baïonnette passé dans le porte-sabre, le long de la cuisse gauche; les militaires de l'arme à cheval, toutes les fois qu'ils sont à pied, portent le sabre au crochet, la monture en arrière.

L'épée des officiers, sous-officiers et brigadiers est ajustée de manière que le pommeau se trouve à la hauteur du coude gauche, le bras étant ployé et la main sur le teton droit.

Voir l'art. 199 du présent règlement en ce qui concerne les effets à laisser à la brigade pour le service en campagne.

Manière d'ajuster l'aiguillette.

Art. 193. — L'aiguillette se porte à gauche, ajustée de la manière suivante :

Le grand cordon passe entre l'agrafe du collet et le premier bouton; un tiers environ de ce cordon est laissé pour la partie supérieure et deux tiers forment la partie inférieure; le premier bouton est ensuite boutonné. La petite natte se place à cheval sur le deuxième bouton, le nœud en dehors et près des boutons, le cordon du ferret en dedans de la tunique: le ferret et la partie inférieure du cordon sortent entre le deuxième et le troisième bouton. Cette petite natte doit se trouver sur la poitrine entre les deux parties du cordon double. La grande natte se place de la même manière sur le troisième bouton, et, après que ce dernier est boutonné, le ferret doit sortir entre le troisième et le quatrième bouton. Le bras passe dans le petit cordon.

Pour que les quatre parties visibles de l'aiguillette soient placées à distances égales sur la poitrine de tous les hommes, il faut qu'elles aient les dimensions suivantes :

	Grande taille.	Moyenne taill.	Petite taille.
	m m	m m	m m
Grand cordon double...................	0 480	0 440	0 410
Petite natte........................	0 360	0 320	0 280
Petit cordon double.................	0 360	0 350	0 340
Grande natte...........	0 620	0 560	0 530

Banderolle porte-giberne et giberne des deux armes.

Art. 194. — La banderolle porte-giberne est passée sous le trèfle gauche et ajustée de manière que le dessus du coffret se trouve à peu près à hauteur du coude droit, le bras étant ployé, la main droite étendue sur le teton droit, la boucle à égale distance du trèfle et de la chape de la giberne. Par devant, la ligne des boutons de la tunique doit partager également l'écart de 120 millimètres existant entre la tête de lion et l'écusson de l'ornement ; cet écart fait tomber légèrement les chaînettes, la dernière devant affleurer, sans jamais le dépasser, le bord inférieur de la banderolle.

Le martingale de la giberne est fixée au bouton gauche de la taille de la tunique.

Dans l'arme à pied, lorsque les gendarmes sont porteurs du havre-sac, la giberne est ajustée de manière que le coffret soit placé carrément sur le haut de la fesse droite, le dessus du coffret à hauteur des deux boutons de la taille parallèlement et à 10 centimètres de la partie inférieure du havre-sac, la boucle carrée touchant le coulant plat mobile.

Pour revenir à l'ajustage de la giberne, les hommes n'ayant pas le havre-sac, il suffira de remonter la boucle à égale distance du trèfle et de la chape de la giberne.

Nota. — Afin que la banderolle puisse se prêter à ce double ajustage, il est de toute nécessité que le bout libre de la bande qui vient s'enchaper à la barrette de la boucle ne soit replié que d'environ un ou deux centimètres en s'amincissant entre les deux épaisseurs du buffle.

La giberne est garnie de la manière suivante : Le compartiment de gauche est destiné à recevoir le nécessaire d'armes, placé debout et enveloppé d'une pièce grasse en drap bleu de roi, longue de 28 centimètres et large de 7 centimètres. Chacun des trois compartiments du milieu contient un paquet de 6 cartouches. Enfin, le dernier compartiment à droite sert à placer 6 cartouches de revolver. Dans ce dernier compartiment est cousue à demeure sur le devant de la boîte, une petite case en cuir dans laquelle on peut loger deux cartouches libres enroulées dans une bande de plusieurs doubles de papier formant alvéoles pour empêcher leur ballottement. Le bord supérieur du devant de la boîte est évidé au milieu d'environ 12^{mm} de flèche.

Nouvelles dispositions prescrites par la circulaire ministérielle du 15 juillet 1878 (Mémorial, 9e v., page 649).

La martingale mobile de giberne est une courroie en petite vache noircie, ayant environ 130^{mm} de longueur sur 25^{mm} de largeur, qui se fixe, à volonté, au moyen d'un trou pratiqué à l'une de ses extrémités, dans la gorge du bouton en cuivre placé sous la boîte. Une boutonnière ménagée à l'autre extrémité permet de rattacher la giberne au bouton de taille du côté gauche du vêtement. (Extrait de l'instruction du 13 août 1872 sur l'uniforme de la gendarmerie. Mémorial, 8e v., page 347.)

Ceinturon des deux armes.

Art. 195. — Le ceinturon se porte par dessus la tunique, autour de la taille, la plaque partagée en deux parties égales par la ligne des deux boutons; il est soutenu dans la position horizontale par la patte de la tunique et les deux boutons de la taille entre lesquels doit être exactement placé le D mobile qui sert d'attache à la grande bélière. La petite bélière est ajustée de telle sorte que l'homme, étant à cheval, puisse atteindre facilement la poignée du sabre pour mettre le sabre à la main. La dragonne forme un nœud coulant autour du haut de la branche principale du sabre où elle est maintenue par un des coulants; l'autre est assez éloigné du gland pour que le cavalier puisse engager le poignet dans la dragonne.

Le porte-baïonnette s'adapte au ceinturon entre les deux bélières et à égale distance de chacune d'elles, la douille de la baïonnette dirigée en arrière.

Dans l'arme à pied, la patte de ceinturon de la tunique passe entre les branches du porte-sabre-baïonnette.

La longueur du ceinturon est calculée de manière que chaque extrémité de la bande garnie de sa plaque et de sa chape soit repliée en dedans d'environ 10 centimètres, afin de permettre son allongement s'il est nécessaire. Il est donc adopté pour les dimensions (armes à pied et à cheval) trois longueurs proportionnelles au même nombre de grosseur de ceinture, savoir :

1^m 20 pour la première grosseur de ceinture ; 1^m 10 pour la 2e grosseur de ceinture ; 1^m.00 pous la 3e grosseur ce ceinture.

La petite bélière a de 460^{mm} à 500^{mm} de long suivant la taille de l'homme; les deux boutonnières de son extrémité en haut sont espacées de 110^{mm} de tête en tête. Les deux boutonnières de l'extrémité qui retient le sabre sont espacées de 55^{mm} seulement. Les deux boutonnières du bas ne seront percées qu'après l'ajustement de la bélière et par les soins du corps. La grande bélière a une longueur uniforme de 90 centimètres. L'écartement des deux boutonnières à chaque extrémité est de 55^{mm} entre les têtes. Les boutonnières extrêmes sont exemptes des bords de 20^{mm}.

Instruction du 13 août 1872, sur l'uniforme de la gendarmerie.

Bretelle de carabine.

Art. 196. — La bretelle est ajustée de manière que la partie supérieure de la boucle arrive, dans l'arme à cheval, à 100 millimètres de la partie inférieure du battant de grenadière et dans l'arme à pied à 260 millimètres du battant de crosse.

Placement des effets dans la besace.

Art. 197. — Dans la grande poche :

DU CÔTÉ GAUCHE.	DU CÔTÉ DROIT.
Une chemise.	Un paire de petites bottes pourvues
Un caleçon,	de cache-éperons, ou de souliers.
Un col,	La veste,
Deux mouchoirs,	La corde à fourrage,
Une paire de chaussettes,	Les cartouches empaquetées.
Une paire de gants.	

Dans la petite poche :

DU CÔTÉ GAUCHE.	DU CÔTÉ DROIT.
Les effets de propreté enveloppes,	Le livret,
Quatre fers et leurs clous.	La trousse garnie.

En Corse et en Afrique, lors des revues et en route, les effets à mettre dans la besace sont les mêmes.

Arme à cheval.

Manière de rouler le manteau.

Art. 198. — Le manteau étant déployé dans son entier, les pans boutonnés, la rotonde relevée en dehors ; étendre les manches sur leur plat, parallèlement aux deux devants, relever et plier chacune d'elles de manière à donner d'un pli à l'autre la longueur du sabre nu, poignée comprise, plus la longueur du bas du fourreau à partir du deuxième bracelet ; rabattre la rotonde par dessus les manches, de manière que les devants couvrent exactement ceux du corps du manteau et que les deux plis formés par leur ampleur se trouvent dans une direction parallèle à la ligne du milieu ; relever l'extrémité inférieure du manteau jusques et y compris la jonction des deux pans ; relever également les pans l'un vers l'autre, de manière qu'ils touchent le pli des manches et qu'ils donnent au manteau la forme d'un carré long ; renverser l'extrémité inférieure du manteau d'environ 19 centimètres et le rouler aussi serré que possible, en commençant par le côté du collet et appuyant le genou au fur et à mesure sur la partie roulée pour la contenir; introduire cette partie roulée dans l'espèce de portefeuille formé par la partie renversée.

Les deux extrémités du manteau sont réunies à 50ᵐᵐ des bouts par une petite courroie en cuir verni noir, avec boucle carrée en fer étamé. Cette courroie a 23ᵐᵐ de largeur et 450ᵐᵐ de longueur y compris la boucle. Cette boucle doit toujours être placée en dessous.
En campagne, le manteau ainsi roulé se porte en sautoir de droite à gauche. Placé sur les sacoches, le manteau est roulé de la longueur du sabre nu, y compris la poignée seulement.

Manière de plier le manteau en portefeuille,

Retourner les manches du manteau, déboutonner la partie postérieure. Ramener les deux côtés l'un sur l'autre, les doublures en dehors, la rotonde sortant du côté du collet. L'étendre sur le parquet dans cette position, se placer du côté de la doublure, ayant le collet à sa droite, étendre la manche apparente sur cette doublure, de manière qu'elle ne dépasse pas la couture intérieure de cette dernière. Placer la main gauche, en l'appuyant fortement sur la manche et la doublure, à l'endroit où il doit être replié pour former un des petits côtés du rectangle. Placer la main droite sous le collet, le rabattre sur la main gauche et l'étendre sur la doublure; placer la seconde manche à plat sur le collet et la doublure et la replier avec l'extrémité inférieure du manteau, de manière à former une longueur totale de 66 centimètres d'un petit côté à l'autre; fixer le collet et l'extrémité du manteau pour empêcher l'écartement au moment de le placer dans la poche. Saisir la doublure en dessous pour la renverser avec la rotonde sur le manteau, de manière que le pli et les coins arrivent juste à la couture de l'autre doublure pour former la poche du portefeuille, applatir avec les genoux, arranger les coins et répartir le drap de la rotonde en plis convenables pour que le milieu du manteau soit légèrement bombé et les bouts amincis.

Replier l'extrémité libre du manteau deux ou trois fois sur elle-même, ouvrir la poche, y introduire la partie pliée en appuyant le genou sur le milieu pour l'empêcher de sortir, ayant soin de bien pousser le drap dans les coins, aplatir le manteau avec le genou, de manière à lui donner sa forme voulue.

Nota. — Pour plier le manteau sur l'autre doublure, employer les moyens inverses.

Manière de charger les effets.

1° Pour les revues et le service journalier.

Paquetage de devant.

SACOCHE GAUCHE.	SACOCHE DROITE.
Le revolver.	Les effets de pansage roulés dans l'é-
Les objets de sûreté.	poussette.

Placer les chaperons sur les sacoches et boucler fortement les contre-sanglons, de manière que le chaperon adhère à la sacoche et touche le couvercle à la partie supérieure.

Mettre la couture des deux pièces de derrière de la housse sur le coussinet, engager les entre-jambes sous les quartiers de la selle; rapprocher la partie supérieure des deux devants sur le garrot; introduire le contre-sanglon dans la gaîne du devant de l'arçon pour fixer horizontalement la housse à la selle et boucler.

Passer les branches du poitrail dans les passe des sacoches et dans les œillets de la housse; fixer la traverse du poitrail à la boucle qui doit être à environ 100 millimètres du bord de la housse.

1° Passer la courroie de botte par sa boucle et par son extrémité opposée dans l'œillet de la housse du côté hors montoir, de dessous en dessus, de manière que les deux parties de la courroie repliée sur elle-même embrassent entre elles la branche du poitrail; engager la courroie dans le D de l'extrémité droite du chapelet, et boucler de façon que le bout arrondi de la botte arrive à hauteur de la pointe de l'épaule du cheval, et que la boucle placée en dessus touche le D du chapelet; amener le passant coulant à 10 centimètres de la gaîne de la botte;

2° Engager la carabine dans la botte et l'attacher à la selle par la courroie de dragonne, qui fait deux fois le tour de la poignée par dessus la bretelle.

Paquetage de derrière.

Placer le manteau, la parementure en dehors et la couture en arrière, à plat sur le coussinet de la selle, l'assujettir au moyen de deux courroies de charge divisant sa longueur en trois parties égales: les serrer assez fortement pour le fixer à la selle et l'empêcher de se déranger aux mouvements du cheval; les rouleaux des deux boucles arrivant à la couture de la parementure; engager l'extrémité des courroies dans les passants fixes et coulants, les reployer sur elles-mêmes pour les engager de nouveau dans les passants coulants qui seront ramenés entre le troussequin et le manteau, de manière à ne pas être vus.

Le manteau doit ne faire aucun pli et rester parfaitement horizontal, le cavalier étant en selle.

Nota. — Aucun bout de cuir du harnachement ne doit être roulé ou replié sur lui-même, à l'exception toutefois de l'extrémité des courroies de charge.

Il ne doit être placé sous la housse, ni bridon d'abreuvoir, ni musette de propreté.

2° Pour le service de campagne.

La couverte de cheval qui sert habituellement pour les soins à donner à l'écurie est pliée en quatre, et placée sous la selle, le gros pli sur le garrot.

La housse, les chaperons, le bridon d'abreuvoir, la baïonnette et les effets qui ne sont pas désignés ci-dessous restent à la brigade. La botte de carabine est toujours emportée en campagne. (Ces nouvelles dispositions inscrites dans le règlement du 25 avril 1877, pages 52 et 53, remplacent les modifications du 26 novembre 1872.)

Paquetage de devant.

SACOCHE GAUCHE.	SACOCHE DROITE.
Le revolver, Les objets de sûreté.	Les effets de pansage roulés dans l'époussette.

Sur les sacoches, le manteau roulé de la longueur du sabre nu, y compris la poignée, maintenu un peu en avant par la courroie porte-selle et les deux courroies de charge, celles-ci engagées dans les mortaises des quartiers de la selle, avec leurs boucles placées en avant et leurs extrémités engagées sous les sacoches.

Le sac à distribution, plié en portefeuille, est posé à plat sur le manteau, mais il n'est pas pris dans la courroie du milieu.

Une marmite ou un bidon, ou une gamelle pour quatre hommes est fixée sur la charge à droite, à l'aide de la courroie de charge, un peu en avant, de façon que cet ustensile ne touche pas le cheval d'une part et ne gêne pas la jambe du cavalier d'autre part.

Les moulins à café sont portés de la même manière.

Les seaux en toile (un pour deux hommes), quand il en existe, sont placés à plat, le fond en dehors, et maintenus par la courroie de charge qui passe sous la croix en ficelle du fond du seau.

La hache-maillet se porte contre la sacoche gauche, le tranchant en avant.

Le piquet se place également sur la sacoche gauche en avant du manteau.

Paquetage de derrière.

La besace de campagne, garnie des objets réglementaires (voir l'art. 197 ci-dessus), placée en arrière des quartiers de la selle, le troussequin engagé dans son œillet; la fixer fortement à la selle par la courroie de charge qui passe dans le crampon de milieu du troussequin.

Les vivres sont répartis dans les deux parties de la besace.

Le filet à fourrage en arrière et descendant le moins possible de chaque côté de la croupe; la corde de jonction engagée et fixée dans les courroies de charge entre le coussinet et la tente-abri.

La musette et l'avoine d'un côté, le foin ou la paille de l'autre.

Le bridon, les petits piquets de tente, le cordeau de tirage, le montant de tente en deux morceaux, sont placés ainsi que le pantalon de treillis dans la tente-abri pliée en portefeuille, de manière à dépasser un peu le piquet de campement qui sera fixé derrière l'entrave par dessus; le tout assujetti à la selle comme il a été dit pour le manteau plié en portefeuille.

Le cavalier qui ne porte pas un des trois ustensiles de campement aura la corde de bivouac pour quatre chevaux, roulée et placée sur la tente-abri (1).

---

(1) *Le règlement précité du 25 avril 1877 a remplacé la rédaction de cet article par celle-ci* : (Bases de l'instruction, pages 54 et 55.)

Paquetage de derrière.

La besacc de campagne, garnie des objets ci-après, est placée en arrière des quartiers de la selle, le troussequin engagé dans son œillet, et fixée fortement à la selle par la courroie de charge qui passe dans le crampon du milieu du troussequin.

Dans la grande poche :

DU CÔTÉ GAUCHE.	DU CÔTÉ DROIT.
Une chemise,	Une paire de petites bottes pourvues de cache-éperons,
Un caleçon,	Ou de souliers,
Un col,	La veste,
Deux mouchoirs,	La corde à fourrage,
Une paire de chaussettes,	Les cartouches empaquetées.
Une paire de gants.	

Dans la petite poche :

DU CÔTÉ GAUCHE.	DU CÔTÉ DROIT,
Les effets de propreté enveloppés,	Le livret,
Quatre fers et leurs clous.	La trousse garnie.

Arme à pied.

Manière de rouler le collet-manteau.

Art. 199. — Le collet-manteau étant déployé dans son entier, l'intérieur en dessus, se placer du côté du col; rabattre sur le manteau les deux pans de devant jusqu'aux coutures, de manière que celles-ci se trouvent sur la même ligne et que le manteau ait la forme d'un demi-cercle; renverser le bas de la rotonde vers le col d'environ un tiers de la hauteur du manteau; relever les deux pointes de droite et de gauche l'une vers l'autre, de manière à former un rectangle dont le grand côté a 1^m,14; replier la partie inférieure de 11 centimètres pour former portefeuille; rouler le manteau aussi serré que possible, en commençant par le côté du col et appuyant le genoux au fur et à mesure sur la partie roulée pour la contenir; introduire cette partie roulée dans l'espèce de portefeuille formé par la partie renversée, en engageant les deux extrémités les premières. Tirer sur les deux bouts pour faire disparaître les plis.

Lorsque le collet-manteau est porté en sautoir, il est roulé de la même manière, mais à une longueur d'environ 1^m,72 *(Page 56 du règlement précité du 25 avril 1877. — Bases de l'instruction).*

Manière de paqueter le havre-sac.

1° Pour les revues et le service journalier.

Dans le havre-sac : Une chemise, un caleçon, un col, deux mouchoirs, une paire de chaussettes, une paire de gants, la trousse garnie, une paire de bottes ou de souliers enveloppés; les effets de sûreté, une boîte à graisse et une

---

Les vivres sont répartis dans les deux côtés de la besace.

Le filet à fourrage en arrière et descendant le moins possible de chaque côté de la croupe; la corde de jonction engagée et fixée dans les courroies de charge, entre le coussinet et la tente-abri. — La musette et l'avoine d'un côté, le foin ou la paille de l'autre.

Les petits piquets de *tente* (*), le cordeau de tirage, le montant de tente en deux morceaux, sont placés, ainsi que le pantalon de treillis, dans la *tente-abri* pliée en portefeuille, de manière à dépasser un peu le piquet de campement qui sera fixé derrière l'entrave par dessus; le tout assujetti à la selle comme il a été dit pour le manteau plié en portefeuille.

Le cavalier qui ne porte pas un des trois ustensiles de campement aura la corde de bivouac pour quatre chevaux, roulée et placée sur la tente-abri.

(*) La tente-abri n'est plus employée par les troupes dans les campagnes d'Europe. (*Décision ministérielle, 15 juillet* 1878. — Mémorial, 9e vol., p. 648.)

à tripoli, une brosse à habits, une à souliers double, une à reluire, une à graisse, une à boutons, une à cheveux; une glace et une patience.

Dans le tiroir du havre-sac : Six paquets de cartouches (54) renfermés dans un petit sachet de toile grise.

Sous la patelette : Le livret.

Nota. — En cas de route, la veste et le deuxième pantalon sont placés aux bagages.

Le collet-manteau étant roulé ainsi qu'il est dit ci-dessus, le placer sur le sac, la poche tournée du côté du dos de l'homme, la couture sous la grande courroie du milieu et les deux extrémités arrivant juste à la hauteur de la partie inférieure du sac, ajuster les boucles des courroies de manière que leur partie supérieure arrive à hauteur du pli de la poche.

Le havre-sac étant ainsi paqueté, le placer sur le dos de manière que la partie supérieure du sac arrive à la hauteur des épaules, les bretelles bien égales pour que le sac reste continuellement droit; les contre-sanglons bouclés de façon que la patelette soit également tendue et ne bâille d'aucun côté.

2° Pour le service en campagne.

Le chapeau et la veste restent à la brigade. (Circulaire du 7 octobre 1880.)

Le collet-manteau sera roulé sur le sac comme il est dit précédemment. Le couvre-pied roulé dans la tente autour du sac; le bâton de tente, partagé en deux, placé avec les petits piquets sur le côté gauche du sac et fixés solidement par la petite courroie.

Dans le havre-sac : Une chemise, un caleçon, un col, deux mouchoirs, une paire de chaussettes, une paire de gants, la trousse garnie, une paire de bottes ou de souliers enveloppés, les effets de sûreté, les effets de propreté réduits au strict nécessaire.

Dans le tiroir du havre-sac : Six paquets de cartouches (54) renfermés dans un petit sachet en toile grise, le livret sous la patelette, l'ustensile de campement dans son enveloppe, sur le sac.

Le petit bidon se porte toujours de droite à gauche.

La tente et le couvre-pied ont été supprimés pour les campagnes d'Europe, (Décision du 15 juillet 1878. — Mémorial, 9° v., page 648.)
Une circulaire ministérielle du 7 octobre 1880 rappelle la décision ci-dessus et porte que le règlement du 9 avril 1858 sera modifié conformément au règlement du 25 avril 1877, en ce qui concerne le collet-manteau. Cet effet sera emporté en campagne et non laissé à la brigade, comme le prescrivait l'article 199, § 8.

CHAPITRE XIV.

REVUES.

Revues des inspecteurs généraux.

Honneurs à rendre aux officiers généraux inspecteurs.

Art. 200. — Lorsque l'inspecteur général a fait connaître l'heure de son arrivée dans une résidence, les honneurs militaires lui sont rendus conformément à l'article 147 du décret du 1er mars 1854.

Lorsque l'inspecteur général est un général de division, les trois brigades réunies pour lui rendre les honneurs sont commandées par un officier.

Lorsque l'inspecteur général est un général de brigade, les deux brigades commandées pour lui rendre les honneurs dus à son grade sont sous les ordres d'un sous-officier.

Il est placé un gendarme de planton à son logement. Il lui est fait une visite de corps par les officiers de gendarmerie de la résidence, en grande tenue de service.

Quand l'inspecteur général passe devant le front de la troupe, ou lorsqu'elle défile devant lui pour la première ou la dernière fois, l'officier commandant, quel que soit son grade, exécute le salut du sabre.

Le sous officier commandant par intérim ou provisoisoirement ne doit pas exécuter le salut du sabre.

Pendant toute la durée de l'inspection, la troupe, à moins d'ordre contraire de l'inspecteur général, est en grande tenue.

L'inspecteur général, à son départ, est reconduit jusqu'à un kilomètre de la place par le même nombre de brigades qui ont été à sa rencontre.

Les articles ci-après du décret du 13 octobre 1863 modifient ainsi qu'il suit l'article 200 du présent règlement.

1° Art. 299, 300 et 302. — Tous les officiers et employés militaires de la garnison doivent une visite de corps aux généraux inspecteurs.

2° Art. 313. — Les généraux de division inspecteurs généraux ont droit à deux sentinelles.

3° Art. 314. — Les généraux de brigades inspecteurs généraux ont droit à une sentinelle.

4° Art. 345. — Les généraux de division ou de brigade inspecteurs généraux de gendarmerie ont droit à une escorte d'honneur de trois brigades de gendarmerie à cheval commandées par un lieutenant. Cette escorte ne va que jusqu'à cinq cents mètres de la ville.

Voir le règlement du 25 avril 1877 sur les exercices à pied et à cheval

(Titre 1er, art. 2, bases de l'instruction pour le salut du sabre, et Titre 1er, art. 3), pour les dispositions particulières en ce qui concerne les revues d'inspection.

Revue d'ensemble.

Art. 201. — Lorsque l'inspecteur général se rend sur le terrain pour la revue d'ensemble, les brigades sont en bataille ; celles à pied au port d'armes et à la droite, celles à cheval le sabre à la main.

Les hommes sont placés par rang de contrôle ; les sous-officiers et brigadiers à la droite de leurs brigades respectives.

L'officier commandant se porte rapidement à sa rencontre, et, après avoir exécuté le salut du sabre, il remet à l'inspecteur général une feuille d'appel des hommes et un contrôle des chevaux.

L'inspecteur général fait faire l'appel de la troupe par le sous-officier commandant la première brigade du chef-lieu. Ce sous-officier passe derrière le rang pour faire l'appel.

L'officier commandant se tient constamment, pendant la revue, à la portée de l'inspecteur général, pour recevoir ses ordres et répondre à ses questions.

Quand la revue est terminée, l'inspecteur général fait défiler la troupe devant lui.

Cet art. 201 se complète par les dispositions contenues dans les bases de l'instruction aux pages 12 à 15 du règlement sur les exercices à pied et à cheval de la gendarmerie départementale, approuvé le 25 avril 1877.

Ces dispositions sont *particulières aux revues d'inspection et à l'ordre en colonne pour défiler.*

Suite des opérations de la revue.

Art. 202. — L'inspecteur général donne ses ordres pour les revues de détail et les autres opérations de son inspection.

Exécution des ordres de l'inspecteur général.

Art. 203. — Les chefs de légion assurent l'exécution des ordres laissés par l'inspecteur général.

Revues des Officiers généraux.

Revues mensuelles et trimestrielles interdites.

Art. 204. — Les généraux commandant les divisions et

subdivisions territoriales ne passent pas de revues mensuelles ni trimestrielles de la gendarmerie. Ils ne peuvent la réunir pour des objets étrangers à ses fonctions spéciales et hors du cas prévu par l'article 124 du décret du 1er mars 1854.

Revues des Sous-Intendants militaires.

Revues d'effectif des brigades par les sous-intendants militaires.

Art. 205. — Les sous-intendants militaires passent en revue, par brigade, les hommes et les chevaux de la gendarmerie pour en constater l'effectif.

La revue des brigades du chef-lieu de département est passée mensuellement, comme celle des autres corps de troupe. Tous les officiers de la résidence y assistent, ainsi que la troupe, montés et en tenue.

La revue des autres brigades est passée chaque fois que le sous-intendant militaire le juge utile, et notamment pendant la tournée du conseil de révision, ou lorsque ce fonctionnaire se déplace pour l'inspection administrative d'un corps ou d'un établissement militaire.

Ces revues ont toujours lieu à la caserne de la résidence ; mais dans aucun cas elles ne peuvent entraver ou retarder l'exécution du service.

Cet article est confirmé par l'art. 452 du décret du 18 février 1863.

Vérification des livrets et des magasins à fourrages.

Art. 206. — Le sous-intendant militaire vérifie dans sa revue les livrets des sous-officiers, brigadiers et gendarmes, le registre des fourrages, la situation des magasins et la bonne qualité des denrées. Il s'assure que les approvisionnements existants sont en rapport avec les résultats présentés par ce registre. Il se livre aux investigations qui lui semblent propres à l'éclairer sur les diverses opérations des Conseils d'administration.

Cet article se complète par les art. 453 et 454 du décret précité du 18 février 1863.

Les maires des communes où sont stationnées des brigades ou des postes de gendarmerie sont chargés de constater la présence en service des hommes et des chevaux, par les certificats énoncés à l'art. 392 du décret du 18 février 1863. (Art. 455 dudit décret.)

Revues des Officiers.

Revue annuelle des chefs de légion.

Art. 207. — La revue annuelle des chefs de légion est préparatoire de l'inspection générale.

Elle a pour objet l'examen détaillé du personnel et du matériel des compagnies, et comprend par arrondissement toutes les opérations nécessaires pour assurer l'exécution des règlements de l'arme et préparer le travail qui doit être soumis à l'appréciation des inspecteurs généraux, en se conformant aux instructions annuelles du ministre de la Guerre sur les revues d'inspection de la gendarmerie.

Chaque année, le chef de légion doit changer le lieu de réunion des brigades de l'arrondissement.

Arrivée des officiers dans les résidences.

Art. 208. — A l'époque des tournées prescrites par les articles 179 et 190 du décret du 1er mars 1854, chaque officier prévient à l'avance les brigades du jour et de l'heure de son arrivée dans leurs résidences respectives, afin que tout le personnel de la brigade puisse être présent à la revue, à moins de service urgent ou imprévu.

L'art. 179 (nouveau) du décret du 1er mars 1854 dispose que les commandants de compagnie font une tournée par an pour l'inspection de leurs brigades.

Ils font, en outre, des visites inopinées dans les brigades sous leurs ordres, de telle sorte que toutes les brigades de la compagnie puissent être vues au moins une fois à l'improviste dans le courant de l'année.

L'art. 190 (nouveau) du décret du 1er mars 1854 dispose que les commandants d'arrondissement font annuellement trois tournées pour la revue de leurs brigades, savoir : les mois de février, juin et novembre.

Indépendamment de ces tournées, les commandants d'arrondissement visitent à l'improviste, au moins une fois par an, chacune des brigades de leur arrondissement.

Une circulaire ministérielle du 22 janvier 1881 fixe, ainsi qu'il suit, pour cette année, et à titre d'essai, les tournées des commandants de compagnie et d'arrondissement :

Ces officiers sont laissés libres de commencer leurs tournées lorsqu'ils le jugeront à propos, sauf à combiner leurs opérations de manière à avoir terminé leur travail préparatoire :

Les commandants de compagnie, du 31 mars au 10 avril;

Les commandants d'arrondissement, du 10 au 20 février.

De plus, la tournée de juin des commandants d'arrondissement est supprimée à titre provisoire et remplacée par des visites inopinées à faire au moins une fois dans chaque brigade, c'est-à-dire que tous les postes externes devront, en 1881, être vus par les commandants d'arrondissement deux fois pendant les tournées et deux fois inopinément.

*Revues des commandants de compagnie et
d'arrondissement.*

Art. 209. — Les revues de commandants de compagnie
et d'arrondissement ont lieu par brigade, lors même que
plusieurs brigades se trouvent réunies dans la même résidence.

Ordre des revues successives des brigades.

Art 210. — Les revues périodiques des officiers doivent
avoir lieu dans l'ordre suivant, savoir :

1° Revue à cheval en grande tenue. — L'infanterie le
sac au dos et les hommes sur un seul rang. — Examen de
l'instruction pratique à cheval.

2° Revue à pied en petite tenue et en armes. — Examen
de l'instruction pratique à pied.

3° Revue des hommes à pied, sur un seul rang, en
veste, pantalon, képi et petites bottes, le manteau ou le
collet-manteau déployé sur le bras droit. — Revue de détail de tous les effets d'habillement, d'équipement, de harnachement et de pansage.

4° Revue des chevaux nus et en bridons. — Examen de
la ferrure et vérification des signalements.

5° Revue morale dans le bureau du chef de brigade. —
Examen de l'instruction sur le service spécial, sur le démontage et le remontage des armes. — Examen sur la
théorie militaire des gendarmes candidats, ainsi que des
sous-officiers et brigadiers.

6° Examen et visa des registres de la brigade et des
cahiers d'écriture.

7° Visite détaillée du casernement, vérification du magasin à fourrages et de la qualité des denrées.

Les commandants de compagnie et d'arrondissement
sont tenus d'indiquer, à la suite des observations générales
ou particulières qu'ils inscrivent au registre d'ordres de
chaque brigade, l'heure de leur arrivée et l'heure de leur
départ de chaque résidence.

CHAPITRE XV.

CONGÉS ET PERMISSIONS.

—

Interdiction de s'absenter.

Art. 211. — Aucun officier, sous-officier, brigadier ou

gendarme ne peut s'absenter de sa résidence sans y être régulièrement autorisé.

Forme des demandes de permissions.

Art. 212. — Toute demande de permission doit être rédigée par écrit, et faire connaître le lieu où le militaire se propose de se rendre.

Permissions accordées par le chef de légion.

Art. 213. — Le chef de légion peut autoriser un officier, sous-officier, brigadier ou gendarme à s'absenter de son poste pendant huit jours au plus, en se conformant aux dispositions de l'art. 28 du décret du 1er mars 1854.

Cet article n'est reproduit ici que pour mémoire ; il est complètement abrogé ainsi que les dispositions de l'art. 28 du décret du 1er mars 1854.

Aux termes de la décision impériale du 27 novembre 1868 (Mémorial, 7e volume, page 793), décision rendue applicable à la gendarmerie par la circulaire ministérielle du 5 janvier 1869 (Mémorial, 8e volume, page 1), les chefs de légion peuvent accorder aux militaires sous leurs ordres quatre jours avec solde de présence sans accessoire, ou huit jours avec solde de congé.

Permissions accordées par le commandant de compagnie.

Art. 214. — Le commandant de compagnie peut accorder des permissions de quatre jours aux militaires de tous grades placés sous ses ordres.

Il est tenu d'en rendre compte immédiatement au colonel par la voie du rapport journalier.

Cet article est modifié par la décision citée à l'article précédent : les commandants de compagnie de gendarmerie peuvent accorder aux militaires sous leurs ordres deux jours de permission avec solde de présence.

Permissions accordées par le commandant d'arrondissement.

Art. 215. — Le commandant d'arrondissement peut accorder des permissions de deux jours aux sous-officiers, brigadiers et gendarmes sous ses ordres, à charge d'en rendre compte au commandant de la compagnie par le rapport quotidien.

Cet article n'est reproduit que pour mémoire ; la décision impériale du 27 novembre 1868 a retiré aux commandants d'arrondissement le droit d'accorder des permissions d'absence.

Permissions de la journée.

Art. 216. — Le commandant de brigade peut accorder

des permissions pour la journée aux gendarmes sous ses ordres, pour en jouir dans l'étendue de sa circonscription ; mais il ne peut accorder l'autorisation de découcher sans en avoir préalablement fait la demande au commandant d'arrondissement par la voie du rapport journalier.

Cet article n'est reproduit ici que pour mémoire. La décision impériale du 27 novembre 1868 a retiré aux commandants de brigade le droit d'accorder des permissions d'absence.

Hors le cas de maladie constatée, d'entrée à l'hôpital ou de mission, les militaires ne s'absentent de leur poste qu'en vertu de congé ou de permission.

Les chefs de légion et les commandants de compagnie de gendarmerie peuvent seuls accorder des permissions d'absence.

Permissions permanentes pour les chefs de brigade.

Art. 217. — Dans les chefs-lieux de compagnie et d'arrondissement, les chefs de brigade sont autorisés en toute saison à ne rentrer au quartier qu'une heure après l'appel du soir.

Limitation du nombre des permissions.

Art. 218. — Le nombre des permissions à accorder dans chaque compagnie est limité par le chef de légion.

Le colonel peut suspendre la faculté d'accorder des permissions d'absence lorsqu'il le juge nécessaire à l'intérêt du service.

Toute permission accordée pour la journée et au-delà doit être mentionnée au rapport de la brigade, de l'arrondissement et de la compagnie.

Officier ou sous-officier rentrant de permission.

Art. 219. — Tout officier ou chef de brigade rentrant de congé ou de permission doit rendre compte de son retour par la voie du rapport journalier à son supérieur.

Dans les résidences où se trouvent plusieurs officiers, l'officier ou le sous-officier rentrant de congé ou de permission doit se présenter à l'heure du rapport devant son chef immédiat.

CHAPITRE XVI.

PUNITIONS.

—

Fautes contre la discipline.

Art. 220. — Les fautes contre la discipline qui peuvent

être commises par des militaires de la gendarmerie, et les moyens de répression mis à la disposition des supérieurs à l'égard de leurs inférieurs, sont définis et réglementés par les articles 570 et suivants du décret du 1er mars 1854 (*modifié*).

Voir les annotations placées à la suite de l'art. 25 du présent règlement.

Rédaction d'une plainte dans les cas réglementaires.

Art. 221. — Lorsque, dans les cas spécifiés par l'art. 593 du même décret, des officiers, sous-officiers, brigadiers et gendarmes se trouvent justiciables des tribunaux militaires, une plainte relatant les faits reprochés est rédigée par le commandant de la compagnie, et adressée avec les rapports et autres pièces à l'appui au chef de légion, qui la transmet, avec son avis motivé, au général commandant la subdivision à laquelle appartient le militaire inculpé.

Etat nominatif des militaires punis présenté aux inspecteurs généraux.

Art. 222. — Lors de leurs revues, les inspecteurs généraux se font présenter dans chaque compagnie l'état nominatif des militaires de tout grade qui ont subi des punitions de prison ou de salle de police depuis la dernière inspection générale.

Le libellé de ces punitions doit être assez explicite pour permettre d'apprécier la nature et la gravité des fautes qui les ont motivées.

Punitions des Officiers.

Nature des punitions.

Art. 223. — Les punitions à infliger aux officiers de gendarmerie de tout grade sont définies, et les moyens de répression qui leur sont applicables sont réglementés par les articles 575 et suivants du décret du 1er mars 1854 (*modifié*).

Forme de la réprimande.

Art. 224. — La réprimande infligée par ordre supérieur à un officier de gendarmerie a lieu, soit par écrit, soit verbalement, par l'intermédiaire du commandant de la compagnie, en présence d'un ou de plusieurs officiers du grade supérieur, ou en présence de plusieurs officiers du même grade réunis à cet effet au chef-lieu de la compagnie.

Cessation des arrêts.

Art. 225. — Les arrêts simples infligés à un officier de gendarmerie cessent de plein droit à l'époque fixée pour l'expiration de la punition et sans autre formalité.

Les arrêts de rigueur cessent lorsque l'épée de l'officier puni lui a été remise par l'ordre de son supérieur à l'expiration de sa punition.

Toute punition de prison ou de détention est mise à l'ordre de la légion.

L'officier sortant des arrêts ou de la prison doit se présenter chez celui par l'ordre duquel il a été puni, s'il est sur les lieux, et le faire avec la déférence convenable. L'officier qui l'a puni le fait prévenir de l'heure et du lieu où il le recevra; l'un et l'autre sont dans la tenue du jour.

Un officier d'un grade supérieur ou égal à celui de l'officier puni peut être présent à cette visite.

Punitions des Sous-Officiers, Brigadiers et Gendarmes.

Nature des punitions.

Art. 226. — Les punitions disciplinaires que peuvent encourir les sous-officiers, brigadiers et gendarmes sont définies et réglementées par les articles 581 et suivants du décret du 1er mars 1854 *(modifié)*.

Voir les annotations placées à la suite de l'art. 25 du présent règlement.

Voir la circulaire du 18 novembre 1872, n° 4,306 bis (Mémorial, 8e volume, pages 411 à 414 inclus) relative à l'application à la gendarmerie des changements apportés à divers articles du règlement du 2 novembre 1833, sur le service intérieur des troupes.

Compte à rendre au commandant de place.

Art. 227. — Lorsque le chef de légion ordonne que les hommes punis de la prison subissent leur peine dans la prison de la place, le commandant de la compagnie ou de l'arrondissement en informe le commandant de place, qui est tenu de lui adresser immédiatement le billet d'écrou nécessaire pour que l'homme puni puisse être détenu dans la maison de justice militaire, et séparément autant que possible.

Cet article n'est reproduit que pour mémoire; il est complètement abrogé par le décret du 10 août 1872, qui supprime la prison de la place. Les punitions disciplinaires de prison seront toujours subies aux pièces au corps. (Voir le décret du 10 août, au 8ᵉ volume du Mémorial, pages 411 à 413 inclus, aux annotations.)

Privation de permission.

Art. 228. — Tout militaire de la gendarmerie qui a été puni de la prison ou de la salle de police est privé de permission pendant le mois qui suit la punition qu'il a encourue.

CHAPITRE XVII.

RÉCLAMATIONS.

—

Dispositions générales.

Art. 229. — Les réclamations individuelles sont les seules autorisées.

Réclamations par suite de punitions.

Art. 230. — Des punitions injustes ou trop sévères pouvant être infligées par suite de rapports inexacts, d'informations mal prises, ou par des motifs particuliers étrangers au service, les réclamations sont admises, en se conformant aux règles suivantes :

Quel que soit l'objet de la réclamation, elle ne peut être adressée qu'aux officiers sous les ordres immédiats desquels se trouve placé le militaire qui en est l'auteur.

Après s'être d'abord soumis à la punition qui leur est infligée, les sous-officiers, brigadiers et gendarmes peuvent adresser leurs réclamations au commandant d'arrondissement ; les officiers peuvent soumettre les leurs à leur commandant de compagnie ou au chef de légion.

Tout militaire de la gendarmerie qui réclame étant dans l'ivresse ne peut être entendu.

Les officiers et commandants de brigade doivent écouter avec calme les réclamations qui leur sont soumises, en vérifier avec soin l'exactitude, et y faire droit lorsqu'elles sont fondées ; mais ils peuvent augmenter les punitions contre lesquelles on aurait réclamé sans de justes motifs.

Aux termes de l'art. 579 du décret du 1ᵉʳ mars 1854, tout *officier* puni peut, après avoir obéi, faire des réclamations auprès de l'officier immédiatement supérieur à celui qui l'a puni.

Réclamations adressées aux conseils d'administration.

Art. 231. — Les militaires de tout grade de la gendarmerie qui ont à réclamer, soit au sujet du règlement de la solde ou des allocations auxquelles ils ont droit, soit au sujet de la qualité ou de la confection des effets d'habillement ou autres qui leur ont été délivrés, soit enfin contre l'inscription faite à leur livret de recettes ou de dépenses qui ne leur sont point imputables, doivent adresser hiérarchiquement leurs réclamations au conseil d'administration, qui est tenu, s'il ne peut y satisfaire, de les transmettre avec un avis motivé au sous-intendant militaire chargé de la surveillance administrative de la compagnie.

Les officiers, sous-officiers, brigadiers et gendarmes ont la faculté de réclamer directement près du ministre de la Guerre contre les décisions des intendants militaires. Dans ce cas, ils doivent joindre à leur réclamation une copie des décisions contre lesquelles ils réclament, copie que le conseil d'administration est tenu de leur délivrer sur leur demande.

Voir l'art. 658 du décret du 1er mars 1854.

Voir les art. 613 et 618 du décret du 18 février 1863, et les circulaires des 1er septembre 1873 (Mémorial, 8e volume, page 637), 4 novembre 1874 (Mémorial, 9e v., page 124) et 24 décembre 1874 (Mémorial, 9e v., page 143) relatives aux réclamations à adresser hiérarchiquement. Les questions concernant la solde ne doivent être transmises au ministre qu'après avoir été soumises à l'examen des fonctionnaires de l'intendance militaire.

Réclamations auprès du chef de légion.

Art. 232. — Dans les cas extraordinaires, les militaires de tout grade de la gendarmerie sont autorisés à réclamer directement au chef de légion, mais toujours par écrit.

Ils peuvent également adresser des réclamations, soit par écrit, soit verbalement, aux inspecteurs généraux, mais seulement après avoir réclamé hiérarchiquement auprès du chef de légion, à moins que la réclamation ne le concerne personnellement.

Voir l'art. 658 du décret du 1er mars 1854 et se reporter aux notes placées à la suite des articles 230 et 231, ci-dessus, au sujet des réclamations sur le service et sur l'administration.

Réclamations concernant l'avancement.

Art. 233. — Les réclamations ayant pour objet l'avancement ou toute autre récompense doivent, à moins de circonstances extraordinaires, n'être faites qu'à l'époque des inspections générales.

Toute réclamation individuelle qui parviendrait au Ministre de la Guerre autrement que par les voies hiérarchiques entraînerait la punition de celui qui l'aurait adressée.

CHAPITRE XVIII.

CASERNEMENT.

Par qui les détails en sont suivis.

Art. 234. — L'assiette du logement des brigades et les détails qui résultent de l'occupation d'une caserne sont dans les attributions du commandant de compagnie ; il est secondé par le commandant d'arrondissement, qui lui fournit tous les renseignements nécessaires sur les convenances de ce service dans chaque localité.

Le commandant d'arrondissement doit établir, pour être transmis au ministre de la Guerre par la voie hiérarchique, un état descriptif des bâtiments proposés, soit qu'il y ait lieu de passer un nouveau bail, soit qu'il s'agisse d'un simple renouvellement.

Le commandant de la compagnie se concerte avec le préfet du département pour la construction des casernes, l'appropriation et la location des bâtiments destinés à cet usage, pour le renouvellement des baux en temps utile, et pour l'obtention des réparations imputables, soit à la charge du propriétaire, soit à celle du département.

Le commandant d'arrondissement et le chef de brigade veillent à la conservation et à l'entretien des casernes, chacun selon ses attributions, ainsi qu'il est prescrit aux art. 241 et 242 du présent règlement.

Voir les annotations à la suite de l'article 123.

Les réparations dans les casernes ont lieu d'après les dispositions du Code civil (art. 1720, 1730, 1754, 1755 et 2102) et d'après l'article 132 du règlement du 30 juin 1856.

Voir l'article 363 du décret du 18 février 1863, sur les réparations locatives et d'entretien.

Voir l'article 75 du décret du 1er mars 1854.

Composition du casernement.

Art. 235. — La composition des logements d'officiers, sous-officiers, brigadiers et gendarmes, dans les bâtiments affectés au casernement de la gendarmerie, est déterminée par les art. *358 à 363 du décret du 18 février 1865*. On se conformera, autant que possible, en ce qui concerne la distribution et l'aménagement des écuries, aux prescriptions de la circulaire ministérielle du 23 septembre 1840.

Chaque logement de sous-officier, brigadier et gendarme, doit être pourvu d'un râtelier d'armes invariablement fixé et faisant partie de l'immeuble par destination.

Un coffre à avoine appartient également au casernement des brigades à cheval, où il doit être scellé à demeure.

Chaque caserne doit renfermer une chambre de sûreté, une buanderie et de l'eau potable en quantité suffisante.

Il doit également y être établi des latrines distinctes pour l'un et l'autre sexe.

Dans les chefs-lieux de compagnie, une chambre d'une capacité suffisante doit être réservée pour loger en commun les hommes appartenant aux forces supplétives ou temporaires, ceux placés à la suite de la compagnie, et enfin les nouveaux admis retenus au chef-lieu de la compagnie jusqu'à ce qu'ils puissent rejoindre leur poste.

Les militaires de la Gendarmerie appelés ou retenus, pour un service quelconque, hors de leur résidence, ont droit, comme les militaires de l'armée, au logement chez l'habitant pour eux et pour leurs chevaux.

Prise de possession d'une caserne.

Art. 236. — Avant la prise de possession d'une caserne, le commandant de compagnie arrête définitivement l'assiette du logement. Il peut se faire suppléer dans cette opération par les commandants d'arrondissement, excepté pour la caserne du chef-lieu.

Il fixe invariablement les logements des officiers, sous-officiers, brigadiers et gendarmes. Les logements de ces derniers sont répartis aussi également que possible, en assignant aux meilleurs les annexes les moins avantageuses, telles que bûchers, greniers, caves, caveaux et jardins.

Lors de l'installation d'une brigade dans une nouvelle résidence, il est dressé un procès-verbal conforme au modèle joint à la circulaire du 19 juillet 1840. Cette installation ne doit avoir lieu qu'après l'approbation du bail par le ministre. (Circulaire du 5 juin 1851.)

Inscription sur les casernes.

Art. 237. — Le fronton de chaque caserne doit porter l'inscription suivante : *Gendarmerie nationale*.

Les logements d'officiers sous-officiers et brigadiers doivent porter l'inscription du grade auquel ils sont affectés.

Ces divers logements sont numérotés, ainsi que ceux des gendarmes, en suivant une seule série, quel que soit le nombre des brigades.

Les annexes et dépendances sont indiquées par les mêmes numéros que les logements auxquels elles sont affectées, et dont elles sont inséparables.

Les locaux occupés en commun portent également l'indication de leur destination.

Distribution des logements.

Art. 238. — Dans l'assiette du casernement, les logements d'officiers au chef-lieu de la compagnie sont assignés aux différents grades, selon les convenances du service, en commençant par le trésorier, qui doit toujours être logé dans la caserne.

Les logements de la troupe sont distribués de la manière suivante par les commandants d'arrondissement :

Les sous-officiers et brigadiers prennent invariablement ceux affectés à leur grade.

Les gendarmes choisissent à leur rang d'ancienneté dans l'arme, quel que soit le nombre et l'ordre des brigades auxquelles ils appartiennent, quand il s'agit de l'occupation d'une nouvelle caserne; mais, dans une caserne déjà occupée, les logements devenus vacants sont donnés, par rang d'ancienneté *dans la résidence*, aux militaires qui en font la demande hiérarchiquement au commandant de l'arrondissement.

Toutefois, dans l'un et l'autre cas, le commandant d'arrondissement satisfait aux besoins exceptionnels de famille, conformément à l'art. 181 du décret du 1er mars 1854, avant de laisser exercer le choix à l'ancienneté.

Nul ne peut être dépossédé de son logement sans son consentement; et personne ne peut en changer, même par permutation de gré à gré, sans l'assentiment du commandant d'arrondissement.

Baux à loyer.

Art. 239. — Les baux des casernes à loyer sont établis par l'administration départementale; ils sont signés par le préfet ou par le sous-préfet délégué, par le propriétaire ou son fondé de pouvoirs, et par le commandant de la compagnie ou celui d'arrondissement délégué à cet effet.

Le commandant de compagnie reçoit une expédition des baux et en adresse une copie aux commandants d'arrondissement intéressés.

Etat des lieux.

Art. 240. — Lors de la prise de possession d'une caserne, un état des lieux est dressé en triple expédition, après examen fait, par le préfet ou son délégué, le propriétaire ou son fondé de pouvoirs, et par le commandant de compagnie ou d'arrondissement.

Les deux premières expéditions soni délivrées au préfet et au propriétaire; la troisième est remise au commandant de compagnie, qui en délivre copie au commandant d'arrondissement, et celui-ci au commandant de brigade.

Le chef de brigade fait afficher derrière la porte principale du logement de chaque homme un extrait de l'état des lieux pour les locaux qu'il occupe. Cet extrait est signé par le commandant de brigade et par l'intéressé.

Remise du casernement.

Art. 241. — Tout commandant de brigade changeant de résidence fait la remise du casernement à son successeur titulaire ou temporaire. Si cette remise est faite au successeur titulaire, ce dernier devient responsable, du jour de sa prise de possession, de toutes les dégradations qu'il n'aurait pas constatées, alors même qu'il déclarerait n'avoir pas vérifié l'état du casernement.

Mais, lorsqu'un gendarme doit commander temporairement la brigade, la responsabilité du sous-officier ou brigadier partant reste engagée jusqu'à l'arrivée de son successeur, s'il ne peut produire une décharge donnée par le chef de brigade provisoire ou intérimaire.

Le commandant de brigade se fait rendre le casernement de tout homme rayé des contrôles ou changeant de logement.

Il est responsable des dégradations qu'il aurait négligé de constater au moment de la mutation.

Voir les annotations de l'article 234.

Aux termes de l'article 700 du décret du 18 février 1863, le montant des dégradations, dans les casernes ou chez l'habitant, imputables aux militaires de la gendarmerie, est payé aux ayants-droit ou versé au Trésor, selon le cas, au moyen d'un prélèvement sur le fond de la masse individuelle.

Dégradations et réparations.

Art. 242. — Les dégradations du casernement sont de deux sortes :

1° Celles qui proviennent des dommages et dégâts faits par les hommes et qui doivent être réparées à leur compte;

2° Celles dites *locatives,* qui résultent de l'usure des choses en service et dont l'entretien est à la charge du département.

Le commandant de brigade fait réparer immédiatement au compte de chaque homme des dégradations provenant de son fait, soit dans son logement, soit même dans les locaux occupés en commun.

Si les dégradations faites dans les locaux occupés en commun n'ont pas d'auteur connu, la réparation en est imputée à tous les hommes de la résidence présents à l'effectif au jour où elles sont constatées.

Quant aux réparations locatives à la charge du département, le commandant d'arrondissement adresse un rapport à ce sujet au commandant de la compagnie, qui le transmet, s'il y a lieu, avec ses observations, à l'autorité préfectorale.

L'article 119 du règlement du 17 août 1824 dit que les retenues pour dégradations à la charge des militaires ne peuvent excéder le cinquième de leur solde ; mais l'article 700 du décret du 18 février 1863 prescrit de payer le montant de ces dégradations aux ayants-droit ou de les verser au trésorier, selon le cas, au moyen d'un prélèvement sur le fonds de la masse individuelle.

Voir les notes à l'article 234 qui précède.

Nettoyage des cheminées.

Art. 243. — Les cheminées des casernes doivent être nettoyées chaque année avant le 1er novembre, aux frais de l'administration départementale.

Cette opération est faite à la requête du chef de brigade, qui adresse à cet effet une demande à l'autorité locale.

Illuminations des casernes.

Art. 244. — Lors des fêtes et cérémonies publiques, les casernes de gendarmerie sont illuminées aux frais du département ou de la commune.

En cas de refus par les autorités administratives de pourvoir à cette dépense, le commandant de la gendarmerie, dans chaque localité, assure lui-même les moyens d'illumination de la caserne, et il en rend compte hiérarchiquement au commandant de la compagnie, en joignant à son rapport un bordereau de la dépense effectuée à cette occasion.

En pareil cas, une allocation extraordinaire sur le fonds d'entretien peut être accordée par le ministre, sur la demande du conseil d'administration.

Drapeaux.

Art. 245. — Chaque caserne de gendarmerie doit être pourvue d'un drapeau, placé au-dessus de la porte principale. Les drapeaux sont fournis et entretenus aux frais du département.

CHAPITRE XIX.

DETTES.

—

Devoirs des officiers supérieurs.

Art. 246. — Les officiers supérieurs de gendarmerie doivent, dans leurs résidences, donner l'exemple de l'ordre et de l'économie.

Ils s'assurent qu'aucun officier ne se livre à des dépenses qui le mettent dans le cas de contracter des dettes. Ils s'enquièrent particulièrement de la conduite de ceux qui ont l'habitude d'en contracter ou qui ont le goût du jeu.

Ils signalent au chef de légion, et celui-ci aux inspecteurs généraux, les officiers de tout grade qui s'abandonnent à des dépenses exagérées et dépassent évidemment leurs ressources pécuniaires.

Le chef de légion mentionne au registre du personnel l'inconduite des officiers qui, sous ce rapport, ont donné lieu à des observations.

Retenues sur la solde.

Art. 247. — Dans les compagnies de gendarmerie, les dettes privées des militaires de tout grade, ayant pour objet les dépenses courantes de leur subsistance ou de leur entretien, peuvent, sur la présentation des titres ou des mémoires arrêtés, motiver, de la part des chefs de légion, des ordres de retenues sur le traitement de ces militaires.

Ces retenues ne doivent point excéder le cinquième de la solde proprement dite.

Retenues par oppositions juridiques.

Art. 248. — Les retenues pour dettes contractées pour tout autre motif que le précédent, par des officiers, sous-officiers, brigadiers ou gendarmes, ne peuvent être exercées sur leur solde qu'en vertu d'oppositions juridiques ou d'un ordre spécial du ministre de la Guerre.

Voir les articles 430 à 437 du décret du 18 février 1863 pour les retenues à exercer sur la solde, ainsi que la décision du 26 février 1876. (Mémorial, 9e vol., page 370.)

Les retenues pour dettes ou pour secours alimentaires doivent être exercées sur la solde nette à payer.

Vigilance des officiers.

Art. 249. — Les commandants de compagnie, et surtout les commandants d'arrondissement, doivent employer la plus grande vigilance à empêcher les sous-officiers, brigadiers et gendarmes de contracter des dettes.

Ils punissent avec sévérité ceux qui sont reconnus coupables d'inconduite sous ce rapport, et provoquent à leur égard, s'il y a lieu, des changements de résidence ou toute autre mesure disciplinaire qu'ils jugent propre à rétablir la considération de l'arme.

CHAPITRE XX.

DÉTACHEMENTS ET RASSEMBLEMENTS DE GENDARMERIE DANS L'INTÉRIEUR.

—

Formation de détachements de gendarmerie.

Art. 250. — Des détachements extraordinaires de gendarmerie dans l'intérieur peuvent être formés, soit pour la surveillance particulière des frontières, soit pour la police des camps et cantonnements de troupe en temps de paix, d'après les ordres du ministre de la Guerre.

Ils peuvent aussi être formés, conformément aux dispositions des articles 113 et 129 du décret du 1er mars 1854, sur la demande des préfets et par ordre des généraux commandant les divisions et subdivisions territoriales, ou en vertu de réquisitions des autorités administratives et judiciaires, dans le cas d'émeute populaire ou d'attroupements séditieux.

Serv. int. Gend.

Il peut encore être formé des détachements de gendarmerie, lors des voyages du chef de l'Etat dans les départements, en vertu d'ordres particuliers adressés à ce sujet par le ministre aux chefs de légion.

Autorité du chef de détachement.

Art. 251. — Lorsqu'un détachement de gendarmerie fait route dans l'intérieur pour se rendre à la destination qui lui a été assignée, ou pour opérer son retour dans les compagnies qui ont concouru à sa formation, le commandant de ce détachement, quel que soit son grade, est revêtu de toute l'autorité d'un chef de corps pour le service, la police et la discipline de la troupe placée sous ses ordres, en se conformant aux règlements particuliers de l'arme, ainsi qu'aux instructions spéciales qui ont pu lui être données.

Il est responsable du bon ordre dans les marches, lieux de séjour et cantonnements.

Si, pendant la durée du détachement, le commandement en devient vacant, ce commandement appartient au militaire le plus élevé en grade, ou, à grade égal, au plus ancien.

Ordres de service et pièces de comptabilité.

Art. 252. — Le commandant d'un détachement de gendarmerie dans l'intérieur doit être muni d'un ordre de départ, d'une instruction écrite sur l'objet et le service de son détachement, et d'une feuille de route collective pour le détachement, ou individuelle pour chaque officier, sous-officier, brigadier et gendarme.

Il reçoit du trésorier de la compagnie à laquelle il appartient une instruction détaillée sur la comptabilité qu'il doit tenir, ainsi que les états et pièces prescrits par les règlements administratifs.

Le chef d'un détachement s'administrant séparément est seul responsable de l'administration du détachement dont il a le commandement.

Consulter à cet égard les articles 132, 360, 445, 514, 630, 640 et 644 du décret du 18 février 1863.

Mesures d'ordre et de discipline des détachements en marche.

Art. 253. — Il se conforme, pour les dispositions à prendre pendant la route, à toutes les mesures d'ordre prescrites en pareil cas par les ordonnances sur le service des troupes d'infanterie et de cavalerie en marche dans l'intérieur.

Voir aussi les instructions qui figurent au titre III, article 290 du règlement du 25 avril 1877 sur les exercices à pied et à cheval.

Rapports au chef de légion.

Art. 254. — Il adresse au chef de la légion dans la circonscription de laquelle il se trouve, et aux époques qui lui sont prescrites, un rapport détaillé sur le service et la discipline de son détachement.

Il joint à ce rapport l'état des mutations, visé par le sous-intendant.

Il lui rend compte également, en temps utile, de tous les évènements importants.

Ces rapports ne le dispensent pas d'informer les autres chefs de légion des mutations, punitions et circonstances graves concernant les hommes détachés de leur légion respective.

Retour dans la légion.

Art. 255. — A son retour dans la légion à laquelle il appartient, le commandant du détachement, lors même que cette troupe a été dissoute par un ordre antérieur, rend compte au chef de légion de l'exécution du service qui lui a été confié, et règle sans délai, avec le trésorier de la compagnie du chef-lieu de la légion, la comptabilité du détachement, dont il demeure responsable jusqu'à l'apurement définitif de sa gestion.

Forces publiques dans l'intérieur.

Art. 256. — Les dispositions établies par les articles précédents pour les détachements extraordinaires de gendarmerie employés dans l'intérieur sont applicables aux forces publiques préposées à la police des camps et armées, lorsqu'elles sont stationnées sur le territoire de l'empire.

Voir à ce sujet le décret du 24 juillet 1875 (Mémorial, 9ᵉ v., pages 247 à 255) modifiant le chapitre V du titre IV du décret du 1ᵉʳ mars 1854, sur l'organisation et le service de la gendarmerie aux armées.

Fait à Paris, le 9 avril 1858.

Le Maréchal de France,
Ministre secrétaire d'Etat de la Guerre,

VAILLANT.

TABLE ALPHABÉTIQUE

DES MATIÈRES

CONTENUES DANS LE RÈGLEMENT DU 9 AVRIL 1858.

(Les chiffres renvoient aux articles du Règlement.)

A

B

C

F

G

H

R

S

T

U

V

INSTRUCTION SPÉCIALE

SUR

L'HYGIÈNE DES CHEVAUX

DES BRIGADES DE GENDARMERIE

(Pour faire suite au Règlement sur le Service intérieur de l'arme.)

PREMIÈRE PARTIE.

CHEVAUX ADULTES.

CHAPITRE PREMIER.

HYGIÈNE. — DÉFINITION

---

*Du froid, du chaud, de l'humidité, écuries, aliments,
boissons, travail, promenades et pansage.*

L'*hygiène* comprend la connaissance et l'application des
moyens propres à conserver la santé.

La santé du cheval de troupe peut être troublée par le
froid, le chaud, l'humidité excessive, les changements brusques de température et l'influence des saisons.

Elle peut encore être troublée par la mauvaise disposition des écuries, par la nature ou la mauvaise qualité des
aliments et des boissons, par l'excès de travail ou de repos ;

enfin par plusieurs autres circonstances au milieu desquel-
les le cheval de troupe peut se trouver.

Article premier.

*Précautions à prendre contre le froid, le chaud
et l'humidité.*

On préviendra les effets fâcheux d'une température trop
basse ou d'une atmosphère humide, en évitant de tenir
hors de l'écurie les chevaux nus et dans l'état de repos,
ou en les mettant à l'abri des courants d'air et en les
couvrant.

§ 1. On atténuera, en été, l'action de la trop grande
chaleur :

1° En plaçant à l'ombre, autant que possible, les animaux que les besoins du service forceraient de maintenir
dehors ;

2° En opposant aux vifs rayons du soleil qui pénètrent
à l'intérieur des écuries des toiles ou écrans fixés aux
ouvertures placées au-dessus des chevaux, de ceux surtout
qui auront la tête tournée au levant ;

3° En leur lotionnant avec de l'eau fraîche les yeux et
les naseaux plusieurs fois dans la journée ;

4° En les conduisant à la baignade trois ou quatre fois
par semaine ;

5° Enfin en leur donnant des barbotages clairs au repas
de midi à l'époque des plus fortes chaleurs.

Art. 2.

Logement des chevaux.

En toutes saisons, les croisées des écuries resteront ouver-
tes ; un orage ou un vent violent, des ouvertures trop bas-
ses ou un froid trop vif pourront seuls faire déroger à
cette règle.

En l'absence totale des chevaux, les portes, croisées ou
vasistas doivent être maintenus largement ouverts.

Le sol des écuries, les mangeoires, le mur qui leur fait

face, les râteliers, les bat-flancs ou stalles seront tenus dans le plus grand état de propreté.

En été, le sol des écuries pourra être largement arrosé, s'il est pavé ou macadamisé.

La litière sera maintenue aussi sèche que possible (voir, pour ce qui la concerne, l'article 136 du règlement sur le service intérieur de la gendarmerie).

Art. 3.

Alimentation.

L'alimentation du cheval de troupe est réglementairement composée de : foin, paille, avoine, son et farine d'orge ; ces deux dernières denrées ne sont données qu'à titre de substitution.

§ 2. *Foin*. — Le bon foin se reconnaît aux caractères suivants :

Tiges moyennement longues, fines, flexibles, garnies de leurs feuilles et de leurs sommités fleuries, couleur verte offrant la teinte de la feuille qui se meurt, odeur agréable, légèrement aromatique, saveur un peu sucrée ; ces caractères du bon foin appartiennent aussi, en grande partie, aux fourrages des prairies artificielles (luzerne, sainfoin, trèfle, vesce, etc.).

Le mauvais foin se présente sous l'aspect de tiges grossières, ligneuses ; presque pas de feuilles ni d'épis ; couleur pâle ou d'un vert sombre. Trop mûr, ce foin est sec, cassant, presque sans odeur et souvent poudreux ; il est nuisible quand il est vasé ou moisi, ce qui se connaît à une odeur toute caractéristique.

§ 3. *Paille*. — La paille, de bonne qualité, se présente sous une couleur d'un jaune pâle ou doré ; ses tiges, plus ou moins fines, sont pourvues de leurs feuilles et de leurs épis ; l'odeur en est peu marquée et la saveur douce ou légèrement sucrée. Quelques bonnes plantes fourragères entremêlées à la paille la rendent plus nutrive et plus agréable aux chevaux.

La paille de froment, la seule généralement admise pour les chevaux de l'armée, est la meilleure. Après elle, viennent celles d'orge et d'avoine qui, à défaut de la première, peuvent être utilisées sans de sérieux inconvénients. (Si la paille d'avoine n'entre dans la ration que pour une partie, elle sera donnée de préférence au repas du soir.)

La paille peut être plus ou moins vasée, rouillée, noircie ou moisie ; celle qui présentera l'une ou l'autre de ces alté-rations devra toujours être rejetée.

La paille de distribution est quelquefois très brisée, dans le Midi surtout ; sous cette forme, elle est moins pro-fitable pour la litière.

§ 4. *Avoine*. — L'avoine doit être lourde, glissant faci-lement dans la main et exempte de poussière et de graines étrangères. Elle ne doit avoir aucune mauvaise odeur, et son poids en moyenne doit être au moins de 46 kilogram-mes à l'hectolitre.

Cette denrée est de médiocre qualité quand les grains sont légers, ridés, peu coulants et poudreux ; germée ou humide, elle est terne, boursouflée, molle et d'une saveur fade ou âcre ; mélangée de sable, de terre, de mauvaises graines en excès ou sentant le moisi, elle est nuisible.

§ 5. *Orge*. — En Algérie, l'avoine est remplacée par l'orge ; cette céréale, pour être de bonne qualité, doit avoir le grain renflé, plein, lourd, sec, et son poids, à l'hecto-litre, ne doit pas être au-dessous de 60 kilogrammes. Les altérations de l'orge sont à peu près semblables à celle de l'avoine ; mais, plus souvent que dans cette dernière, la partie farineuse est détruite par des larves d'insectes (le charançon, l'alucite, etc.).

§ 6. *Son*. — Le son frais se reconnaît à une odeur douce, farineuse, agréable, de bonne qualité, il blanchit l'eau et les mains ; altéré, sa couleur est foncé et son odeur aigre ; le son doit toujours être donné mouillé (son frisé). Mangé sec, il est très indigeste et pourrait occasionner des coliques ; mélangé à l'avoine dans une certaine mesure, il est d'une digestion plus facile.

§ 7. *Farine*. — La farine d'orge que l'on mélange habituellement au son, doit être blanche, fraîchement moulue et sans mauvaise odeur ; trop vieille, humide ou échauffée, elle est à rejeter.

§ 8. *Condiments*. — Les denrées alimentaires de médiocre qualité peuvent être améliorées par l'addition de quelques condiments, parmi lesquels le sel ordinaire (sel marin) est le plus usité : on l'emploie en dissolution dans l'eau, et l'on asperge, avec ce liquide, le fourrage après l'avoir secoué et retourné. La quantité par litre doit être de 10 grammes environ.

§ 9. Les barbotages, composés d'un tiers de farine d'orge et de deux tiers de son, ne devront être donnés, ainsi que cela a déjà été dit, que pendant les grandes chaleurs ou sur l'avis du vétérinaire.

§ 10. Le régime vert pourra être prescrit soit à l'écurie, soit en liberté (voir, pour ce qui le concerne, l'art. 80 du règlement sur le service intérieur et les art. 141, 142, 143 du même règlement pour la réception des fourrages, les substitutions, la distribution de l'avoine et l'ordre des repas, etc.).

Art. 4.

Boissons.

L'eau dont on abreuvera les chevaux sera, autant que possible, limpide, sans odeur, et ne renfermera aucun corps étranger à la composition normale des eaux potables.

L'eau tient quelquefois en suspension des particules limoneuses ou des débris organiques en voie de décomposition ; dans cet état, elle doit être passée ou filtrée sur une couche de sable ou de charbon de bois concassé, si l'on est tenu d'en faire usage.

§ 11. En été, les abreuvoirs seront remplis au moins une heure avant qu'on n'y conduise les chevaux.

§ 12. En hiver, quand on fera boire à l'écurie, les récipients (cuves ou baquets) seront remplis le matin pour l'après-midi, et le soir pour le lendemain matin, afin que la boisson se mette à peu près à la température des écuries.

§ 13. On évitera d'abreuver les chevaux qui seraient en sueur ; on s'opposera à ce qu'ils boivent avec trop d'activité; et, en outre, si l'eau est froide, peu aérée, ou trop crue, on l'agitera avec la main ou à l'aide d'une poignée de foin, et on la saupoudrera de son ou de farine d'orge.

Art. 5.

Travail et promenades.

Les chevaux qui ne seront pas montés pour le service devront être promenés pendant deux heures.

§ 14. Les promenades seront réglées de manière à ce que le poil soit sec au retour. A la rentrée à l'écurie, les chevaux seront immédiatement bouchonnés, massés et couverts s'ils ont encore chaud. Lorsque les extrémités seront couvertes de boue, on pourra les laver en ayant soin, toutefois, de les sécher ensuite ; on examinera le dessous des pieds pour en extraire la terre compacte qui pourrait s'y trouver, ainsi que les pierres qui se seraient engagées entre le fer et la fourchette, vers les talons. — Les portes seront fermées après ces diverses opérations.

§ 15. Les chevaux qui rentreront de course seront traités de la même manière; ils recevront, en outre, un peu de foin, et ne boiront que deux heures après leur rentrée.

Art. 6.

Pansage.

Le pansage se fera suivant les prescriptions réglementaires. On se servira de l'étrille surtout pour les animaux à poils longs et touffus.

§ 16. En été, on profitera de la baignade pour laver et savonner les chevaux. Cette opération tiendra lieu de pansage.

§ 17. Les gendarmes devront veiller à l'état des pieds et de la ferrure de leurs chevaux; cette dernière sera renouvelée dans les délais réglementaires, et lors de son renouvellement ils devront avoir soin que les pieds ne soient pas laissés trop longs, le fer posé trop large ni trop épais, et que le maréchal n'abatte pas trop les talons, laisse la fourchette intacte et n'enlève de la sole que les lames de corne qui tendent à se détacher naturellement. (Voir pour le pansage l'art. 134 du règlement sur le service intérieur de l'arme et l'art. 23 sur la ferrure.)

CHAPITRE II.

MALADIES.

—

Article premier.

Premiers soins à donner en cas de maladies ou d'accidents.

La diminution ou la perte d'appétit, la tristesse, la tête basse, et l'animal se tenant éloigné de la mangeoire, sont les premiers signes caractéristiques de la plupart des maladies.

§ 18. Tout cheval qui présentera ces signes sera mis au régime blanc (paille, son et farine d'orge), bouchonné, couvert et surveillé. Si la tristesse persiste, si les yeux sont rouges ou pâles, si l'animal tousse, si le flanc est agité, la température du corps élevée ou abaissée, il faut au plus vite consulter un vétérinaire.

§ 19. Si le cheval s'agite, se couche, se roule et se relève brusquement pour se recoucher, s'il regarde son flanc, se plaint, fait des efforts pour fienter ou uriner, c'est là l'indice que l'animal est affecté de coliques; dans ce cas, il faut, sans retard, le bouchonner vigoureusement, le réchauffer et le bien couvrir. On peut aussi faire usage, en attendant l'arrivée du vétérinaire, de breuvages chauds, de vin, de cidre, de bière, d'une infusion de foin, de plantes aromatiques (sauge, romarin, menthe, etc.), ou de l'élixir Lebas donné à la dose de 50 à 100 grammes en deux ou trois fois dans l'eau ou l'infusion précédente.

§ 20. On ne peut éviter les tumeurs causées par la selle en resserrant les sangles aussitôt que l'on aura mis pied à terre. Si, après avoir dessellé, la tumeur existe, il faut, sans retard, faire usage d'une éponge imbibée d'eau salée ou vinaigrée, et, mieux encore, de liquides astringents, tels que l'eau blanche (extrait de saturne), la dissolution de poudre de Knaup, et l'éponge ainsi mouillée sera maintenue au moyen d'une petite planchette ou d'un fort carton fixé dessus par un surfaix. On peut aussi, dès le début, pratiquer sur la partie tuméfiée un massage dans le sens des poils. Si le mal ne cède pas à ces traitements, il faut consulter le vétérinaire.

. Pour les contusions ou plaies contuses (coups de pied, chutes, morsures, embarrures, etc.), faire usage de lotions d'eau froide, ou, si on le peut, de bains et de douches.

§ 21. Si un cheval boite, il faut immédiatement le faire déferrer du membre boiteux, et s'assurer si la cause n'est pas dans le pied; si un clou ou tout autre corps pénétrant s'y trouve implanté, l'arracher tout de suite et mettre le pied dans l'eau.

§ 22. Si l'animal éprouve, après un longue course ou un long repos, la difficulté pour marcher sur un sol dur, si les membres postérieurs restent engagés sous le corps, et ceux antérieurs portés en avant, il y a fourbure. Dans ce cas, en attendant la visite du vétérinaire qui sera appelé sans délai, le cheval sera placé dans une eau courante ou dans un bain jusqu'à la hauteur des boulets; il y sera maintenu pendant deux heures au moins. A ce défaut, on pourra lui appliquer, à l'écurie, des cataplasmes astringents (suie de cheminée, argile délayé avec un solution de sulfate de fer, etc.).

Le cheval fourbu sera promené au petit pas sur un sol doux ou sur le gazon.

Art. 2.

Maladies contagieuses.

Les principales maladies pouvant se transmettre d'un

cheval à un autre, et même à l'homme sont : la morve, le farcin, la gale, le charbon, la variole équine (*horse-pox*), et la gourme dont il sera parlé plus loin. Cette dernière affection ne se communique point à l'homme.

§ 23. La morve a pour caractère saillant : 1° jetage épais, verdâtre, gluant, adhérant aux ailes du nez, s'écoulant par un naseau (rarement par les deux), le plus souvent par celui du côté gauche ; 2° une ou plusieurs glandes dures adhérentes à la mâchoire inférieure ; 3° des sortes de pustules ou boutons sur la membrane nasale, suivis d'ulcérations ou chancres.

La présence d'un seul de ces symptômes suffit pour faire suspecter un cheval **de morve**. Règle générale : prendre des précautions comme si la morve existait, quand l'un ou l'autre de ses caractères ou de ce qui leur ressemble est constaté.

Tout cheval qui jette, tout cheval qui présente une tumeur sous la ganache, ou des plaies quelconques, dans les cavités nasales, doit être mis en suspicion

§ 24. Le farcin se reconnaît à l'apparition sur la peau de boutons plus ou moins gros, plus ou moins isolés ou se reliant par des sortes de cordes, qui s'abcèdent. Il peut encore se présenter sous la forme de tumeurs ou d'engorgement des extrémités. En général, tout cheval qui a des boutons à la peau, ou des plaies nombreuses, ou des cordes sous-cutanées, doit être mis en suspicion.

Le farcin, de même nature que la morve, est néanmoins assez curable.

§ 25. Le charbon est caractérisé par l'apparition subite sur différentes parties du corps de tumeurs chaudes, douloureuses, qui augmentent très rapidement de volume et sont accompagnées d'une fièvre intense.

§ 26. La variole équine se reconnaît à des vésicules qui siègent habituellement au pourtour des naseaux, sur les lèvres et sur la membrane nasale. Ces vésicules qui affectent une forme lenticulaire, quoique simulant la morve et pouvant se transmettre à l'homme, constituent néanmoins une affection bénigne.

§ 27. La gale, due à la présence d'un animalcule parasite (l'acare), se reconnaît à des démangeaisons qui poussent les chevaux à se gratter contre les corps durs. Dans cette affection, les poils se hérissent, tombent, la peau devient rude au toucher et se couvre de nombreux plis. — Règle générale : on devra donc tenir un animal pour suspect de gale et prendre des précautions en conséquence, toutes les fois que la peau dépilée sera couverte de croûtes et que l'animal aura des démangeaisons continuelles.

La gale qui s'observe particulièrement à l'encolure, sur les épaules et à la base de la queue, est généralement d'une guérison facile à son début.

§ 28. Dès qu'un cheval sera suspect de maladie contagieuse, on l'isolera tout de suite dans une écurie particulière; le même cavalier, exempt de tout service, lui donnera des soins et se servira toujours des mêmes effets de pansage. Il aura soin lui-même de bien se laver les mains après chaque pansage avec du savon, ou de les tremper dans de l'eau phéniquée.

La place quittée par tout cheval atteint de maladie contagieuse sera immédiatement grattée, lavée à l'eau bouillante, et blanchie ensuite à la chaux. Cette désinfection devra s'appliquer également aux deux places voisines, de droite et de gauche Quant à la litière, elle sera toujours enfouie dans le fumier. (Voir pour toutes les autres mesures d'assainissement et de désinfection l'art. 144 du règlement sur le service intérieur.)

DEUXIÈME PARTIE.

CHAPITRE UNIQUE.

HYGIÈNE ET MALADIES DES JEUNES CHEVAUX.

Article premier.

Les jeunes chevaux, sortis récemment des mains des éleveurs ou des marchands, devront être l'objet, dès leur arrivée au corps, de soins plus minutieux par suite de leur changement brusque de régime, d'exercice et d'habitudes.

Le dressage étant toujours pénible, quelque bien mené qu'il soit, pour des animaux qui se trouvent encore sous l'influence de l'acclimatement ou des maladies de leur âge, ne devra commencer qu'à cinq ans révolus, c'est-à-dire à la sortie très avancée des coins de remplacement inférieurs, et lorsque l'embonpoint factice contracté chez le marchand aura disparu par l'usage d'une alimentation plus sèche, plus tonique, de promenades journalières, de bons soins de la main et d'une stabulation plus aérée.

Art. 2.

La peau des jeunes chevaux pouvant être vivement impressionnée par la pratique de pansages plus complets que ceux pratiqués chez les éleveurs, on ne se servira au début que du bouchon et de la brosse pour les habituer progressivement à l'action de l'étrille dont on n'usera que modérément et de la manière dont il a déjà été parlé.

A moins de maladie de peau, les jeunes chevaux ne subiront pas l'opération de la tonte générale.

Art. 3.

La température des écuries sera d'autant moins élevée que celle du dehors sera plus basse : une différence de quelques degrés entre l'intérieur et l'extérieur sera suffisante pour éviter aux jeunes chevaux des transitions trop brusques. Pendant toute la durée de la mauvaise saison, ils ne sortiront point sans avoir une couverte étendue sur le corps.

Art. 4.

Les jeunes chevaux seront soumis, dès leur arrivée dans les brigades, à un régime de transition. On donnera quelques barbotages, en substitution à l'avoine du soir, à ceux qui souffriront encore du travail de la dentition ou qui présenteraient quelques signes avant-coureurs de gourmes. Ceux qui tousseront resteront à l'écurie où ils boiront à l'eau tiède additionnée de quelques poignées de son et de farine d'orge. On ajoutera à ces boissons ou barbotages quelques carottes, si cela est possible.

Le foin et la paille pourront être avantageusement mélangés pendant les premières semaines, afin d'habituer à cette dernière denrée certains chevaux élevés presqu'exclusivement au régime de l'herbe et du foin.

Art. 5.

Les jeunes chevaux seront promenés chaque jour. La promenade sera de deux heures au moins. Quand l'état de la route le permettra, un peu de trop ne pourra que leur être salutaire. On aura la précaution, au retour, de bien bouchonner, de bien couvrir et de tenir fermées les ouvertures exposées au vent jusqu'à ce que le poil soit complètement sec.

Art. 6.

La progression dans le dressage et le travail des jeunes chevaux sera observée avec soin ; on variera les allures, et l'on évitera surtout de leur faire soutenir longtemps celles qui seront vives.

Les repos seront convenablement ménagés, et les ani · maux, autant que possible, mis à l'abri du vent s'ils ont chaud.

Ils rentreront au pas. A leur arrivée dans l'écurie, on prendra les précautions indiquées dans l'article précédent.

Art. 7.

La gourme, maladie fréquente chez les jeunes chevaux, peut être simple ou compliquée.

Simple, elle se reconnaît à un jetage épais, abondant, jaunâtre, s'écoulant par les naseaux, à une toux grasse et quelquefois à la présence d'abcès volumineux placés autour de la gorge.

La gourme compliquée se présente avec des caractères plus accusés de tristesse, de toux et d'agitation du flanc.

Dans l'un et l'autre cas, le vétérinaire sera toujours consulté.

La gourme pouvant se transmettre d'un cheval à l'autre, le malade sera séparé des animaux bien portants, et sa place, restée vide, sera grattée, lavée, avant d'être réoccupée.

Si l'affection paraît bénigne et suit son cours naturel, il ne sera rien changé au régime ordinaire.

Si la toux se déclare, on supprimera la totalité ou une partie du foin qui sera remplacée par une quantité équivalente de paille ; une demi-ration d'avoine sera conservée si l'animal témoigne de l'appétit, l'autre moitié sera remplacée par des barbotages.

Les boissons devront être données tièdes, blanchies à la farine d'orge et additionnées de 50 à 100 grammes de sulfate de soude ; en outre, quelques lavements pourront être administrés pour tenir le ventre libre.

Si des tumeurs apparaissent à la gorge, on entourera cette région d'une peau de mouton ou d'une matelassure destinée à maintenir la chaleur qui doit activer la maturité des abcès.

Les malades, si le temps le permet, pourront être promenés en main et au pas.

(Pour les autres maladies, blessures ou accidents, se reporter au Chapitre II relatif aux maladies des chevaux plus âgés.)

Paris, le 25 avril 1873.

Le Général de division,
Président de la Commission d'hygiène hippique,

RESSAYRE.

Limoges et Paris. — H. CHARLES-LAVAUZELLE, imprimeur de la Gendarmerie.

www.ingramcontent.com/pod-product-compliance
Ingram Content Group UK Ltd.
Pitfield, Milton Keynes, MK11 3LW, UK
UKHW021112220726
13924UKWH00004B/1666